Sabine Perndl

BACKEN OHNE ZUCKER
Gluten- und laktosefrei

Brote, Kuchen, Torten & Konfekte

ISBN 978-3-99025-117-1

A-4020 Linz
www.freya.at

Layout: freya_art, Daniela Waser
Lektorat: Mag. Dorothea Forster
Fotos: Sabine Perndl, Wolfgang Ruzicka
S. 33 Butterschmalz: Rainer Zenz
© Fotolia: Tatyana Gladskih, Vidady, Arpad Nagy-Bagoly, Brad Pict, imaginando, by-studio, Max Topchii, Roxana, Jonathan Vasata, msk.nina, giacomofoti, Rozmarina, tycoon101, Daorson, womue, artmim, Jiri Hera, Shakzu, FomaA, Yingko, abeadev

printed in EU

Sabine Perndl

einfach BACKEN OHNE ZUCKER

Gluten- und laktosefrei

Brote, Kuchen, Torten & Konfekte

freya

Wie es zu dieser Rezeptsammlung kam

Aus persönlicher Betroffenheit begann ich mich vor etwa vier Jahren intensiv mit gluten-, laktose- und zuckerfreier Ernährung zu beschäftigen. Ausschlaggebend dafür war der Blutbefund meines Mannes, der zutage brachte, dass der Grund seiner damaligen großen gesundheitlichen Probleme in einer stark ausgeprägten Unverträglichkeit gegenüber Laktose und Gluten lag.

Sein hoher Zuckerkonsum zu dieser Zeit unterstützte durch ständige Übersäuerung des Körpers den schlechten Gesundheitszustand.

Als leidenschaftliche Freizeitköchin war es für mich in dieser Situation selbstverständlich, meine Küche neu zu organisieren: Getreidemehl (und sämtliche Getreideprodukte wie Brot, Kuchen, Müsli usw.), Zucker (aller Art) und Milchprodukte wurden gegen glutenfreie Getreide bzw. Gräser (wie z. B. Hirse, Buchweizen, Amarant, Quinoa, Mais, Hanf), Birkenzucker (Zuckeraustauschstoff) und Reis-, Mandel- und Sojagetränke ausgetauscht.

Es begann gleichzeitig die spannende Herausforderung, all unsere Lieblingsrezepte – vor allem die süßen und unsere Brotrezepte – umzuwandeln. Ich experimentierte mit neuen Zutaten, verwandelte bewährte Kuchen- und Brotrezepturen in die gluten-, laktose- und zuckerfreie Variante.

Ich habe alle im Buch enthaltenen Kuchen und Brote mehrmals gebacken, immer wieder mit Mengen und Zutaten experimentiert und bin schlussendlich zum gelungensten Resultat gekommen. Die in diesem Buch beschriebenen Rezepte stellen diese Best-Variante dar.

So entstand diese Rezeptsammlung, die viele Menschen, die sich wie wir gluten-, laktose- und zuckerfrei ernähren wollen bzw. müssen, unterstützen soll.

Danke an alle Leser und Leserinnen für ihr Interesse an diesem Buch!

Ich wünsche Ihnen Freude beim Experimentieren, viel Spaß beim Backen und einen gesunden Appetit!

Sabine Perndl

Inhalt

Brote

Kuchen & Torten

Konfekte

Vorwort

von Zahnarzt Dr. med. univ. Wolfgang Perndl

Dieses Buch ist aus Liebe zu mir entstanden.

Ich beginne bei meiner Großmutter. Sie war eine hervorragende Köchin. Die ganze Familie freute sich immer wieder auf das gemeinsame Essen bei ihr.

Ich schätzte vor allem ihre Nachspeisen und so wurde ich zu einem richtigen „Mehlspeistiger“ erzogen, es konnte gar nicht genügend Zucker drinnen sein.

Vielleicht entstand auch daraus meine Berufswahl, da sowohl ich als auch meine Familie sehr oft zum Zahnarzt mussten, wer weiß?!

Inzwischen bin ich fast 60 Jahre jung und liebe das Süße immer noch!

Meine Frau ist eine äußerst gute Köchin, die sehr bemüht ist, gesund zu kochen; beispielsweise sind ihr gute Öle und regionale biologische Lebensmittel wichtig.

In den vergangenen Jahren entwickelten sich in mir mehr und mehr Unverträglichkeiten gegenüber einzelnen Zutaten. Nach deren Verzehr verschlechterte sich mein gesundheitlicher Zustand zunehmend – Verdauungsprobleme, Niedergeschlagenheit, Kraftlosigkeit waren nur einige dieser Symptome.

Ein ärztlicher Befund bestätigte diese Lebensmittelunverträglichkeiten – für sämtliche bei uns erhältliche Getreide, Milchprodukte und Zucker gab es ein 100%iges „Gar nicht verträglich“.

Durch ein solches Ergebnis bleiben für eine (gute) Köchin nicht mehr viele Zutaten übrig, um z. B. einen herzhaften und vor allem guten Kuchen zu backen.

Ich durfte also kein Brot und keine Kuchen in herkömmlicher Backweise mehr essen. Der Weg ins Reformhaus, um ein fertiges Diät-Brot zu kaufen, brachte keinen Erfolg: Es schmeckte nach nichts oder nach Pappe.

Ich glaube, ich tat meiner Frau sehr leid. Sie vertiefte sich in Fachliteratur und „zauberte" nach kurzer Zeit die besten Mehlspeisen und Brote auf den Tisch, die vorzüglich schmeckten und die ich essen konnte, ohne nachher Beschwerden zu entwickeln.

Ihre Kreativität kannte keine Grenzen, täglich buk sie ein „neues" Brot oder einen „neuen" Kuchen.

Meine liebe Frau hat mir in dieser für mich schweren Zeit mein Leben sehr versüßt und dafür danke ich ihr herzlichst.

Ihre Rezepte fanden auch großen Anklang bei unseren Patienten, bis ein gemeinsamer Freund meinte: „... da kannst du ja schon ein Kochbuch daraus machen!"

Ich wünsche allen Menschen, die gleiche oder ähnlich Probleme haben wie ich, dass sie dieses Buch entdecken und so ihr „süßes" Leben genussvoll weiterleben können.

„Die Liebe geht durch den Magen."

Dr. med. univ. Wolfgang Perndl

Gluten-, Laktoseunverträglichkeit und die Sinnhaftigkeit von zuckerfreiem Backen

Unverträglichkeiten

Das Thema der Nahrungsmittelunverträglichkeiten ist sehr vielfältig und von vielen wissenschaftlichen Richtungen u.a. in Büchern sehr gut und ausführlich beschrieben.

Deshalb werde ich an dieser Stelle keinen wissenschaftlichen Exkurs über die Unverträglichkeit von Laktose und Gluten bzw. über die Sinnhaftigkeit von zuckerfreier Ernährung verfassen.

Dennoch ist mir das Thema so wichtig, dass ich einen kurzen, informativen Überblick geben werde.

Glutenunverträglichkeit
(Zöliakie)

Viele Menschen kennen Bauchschmerzen, Durchfall, Blähungen, Müdigkeit und Niedergeschlagenheit oder Kopfschmerzen nach dem Genuss glutenhaltiger Speisen wie Brot und Nudeln.

Ein Zusammenhang zwischen dem Gluten in der Nahrung und den Beschwerden wird nicht immer gleich erkannt. Oft sind sie aber schon Zeichen für eine Glutenunverträglichkeit.

Was ist eine Glutenunverträglichkeit?

Bei einer Glutenunverträglichkeit entzündet sich nach dem Genuss von glutenhaltigen Nahrungsmitteln die Dünndarmschleimhaut.

In der Folge bilden sich die – für die Nährstoffaufnahme in den Körper verantwortlichen – Darmzotten zurück und Nährstoffe können nur schlecht oder gar nicht aufgenommen werden, sie bleiben unverdaut im Darm zurück.

Glutengehalt in Lebensmittel

Weil Gluten die Eigenschaft hat zu emulgieren, d.h., es bindet Wasser, und dazu ein guter Trägerstoff für Aromastoffe ist, wird es aus lebensmitteltechnologischen Gründen vielen Halbfertig- und Fertigprodukten zugesetzt. Der Glutengehalt der einzelnen Getreidesorten ist unterschiedlich. Weizen, Roggen, Gerste, Dinkel, Grünkern, Einkorn, Urkorn, Kamut, Emer, Hartweizen und sonstige Weizensorten enthalten besonders viel Gluten.

Hafer und Gerste haben einen niedrigen Anteil. Getreidearten wie Teff, Hirse, Mais und Reis sowie Pseudo-Getreide wie Quinoa, Amaranth und Buchweizen sind glutenfrei.

Synonyme Begriffe für Laktoseintoleranz:

- Glutensensitive Enteropathie
- Einheimische Sprue

Hilfreiche Adressen

www.zoeliakie.or.at

www.forumgesundheit.at

www.zentrum-der-gesundheit.de

www.mein-allergie-portal.com de.wikipedia.org

Milchzuckerunverträglichkeit
(Laktoseintoleranz)

Menschen, die an einer Milchzuckerunverträglichkeit (= Laktoseintoleranz) leiden, fehlt das Enzym Laktase.

Dadurch kann der Milchzucker (Laktose) im Darm nicht verarbeitet werden und es kommt zu Durchfall, Blähungen und Darmkrämpfen. In Österreich haben etwa 15–25 % der Bevölkerung – also beinahe jeder Vierte – eine Milchzuckerunverträglichkeit.

Nicht zu verwechseln ist die Laktoseintoleranz mit der Kuhmilchallergie, bei der die Betroffenen an einer Allergie gegen in der Kuhmilch enthaltenem Eiweiß leiden.

Was ist eine Milchzucker- oder Laktoseintoleranz?

Es geht hier um eine angeborene oder erworbene Störung des Abbaus oder der Resorption von Milchzucker, der sogenannten Laktose. Betroffenen fehlt das Verdauungsenzym Laktase oder dieses wird in der Darmschleimhaut des Dünndarms unzureichend gebildet.

Durch das Fehlen von Laktase kann der Milchzucker nicht verwertet (= aufgespalten) werden und gelangt unverdaut in den Dickdarm.

Dort wird er von den Dickdarmbakterien aufgenommen und zu Milchsäure, Essigsäure und Gasen wie Kohlendioxyd, Methan und Wasserstoff vergoren. Betroffene reagieren unterschiedlich auf Laktose, im Extremfall genügen bereits kleinste Mengen an Milchzucker, dass es zu den geschilderten Verdauungsproblemen kommt.

Je nach Schweregrad der Laktoseintoleranz ist eine milchzuckerfreie bis -arme (= 1–10 g Laktose/Tag) Diät (die durchschnittliche Zufuhr liegt bei ca. 20–30 g Laktose/Tag) erforderlich.

Synonyme Begriffe für Laktoseintoleranz:

- Milchzuckerunverträglichkeit
- Laktosemalabsorption (leichte Unverträglichkeit)
- Lactasemangelsyndrom
- Alaktasie
- Laktosemaldigestion (Laktosefehlverdauung)
- Hypolaktasie (völlige Unverträglichkeit)

Hilfreiche Adressen

www.laktobase.at

gesund.co.at (Laktoseintoleranz und Kuhmilchallergie: steigendes Warenangebot für Betroffene)

www.zentrum-der-gesundheit.de

de.wikipedia.org

www.mein-allergie-portal.com

Krank durch Zucker

Zu hoher Zuckerkonsum führt zu Zahnerkrankungen (Karies) und Diabetes, das weiß fast jeder. Diese beiden Krankheiten sind aber nicht die einzigen negativen Auswirkungen auf unsere Gesundheit. Ich möchte auschnittsweise einige der vielen Auswirkungen von zu hohem Zuckerkonsum beschreiben.

Entzündungen

Wenn die Zähne durch Karies zerstört sind, können sie Entzündungen an Zahnfleisch und Kieferknochen verursachen, die wiederum einen direkten Einfluss auf unsere inneren Organe (Herz, Niere, Leber, Auge, ...) haben und dort entzündliche Prozesse auslösen. Gelenks- und Muskelschmerzen können u.a. die Folge sein.

Übersäuerung

Alle entzündlichen Prozesse im Körper haben etwas gemeinsam: Sie beeinträchtigen den Stoffwechsel, schwächen das Immunsystem und das energetische Gleichgewicht. Der Körper wird durch zu viel Zucker „sauer" und ernährt sein saures Milieu wieder mit Zucker – man wird „gierig nach Zucker" oder bekommt „Heißhunger" auf Süßes. Es stellt sich ein Ungleichgewicht im Säure-Basen-Haushalt, eine Übersäuerung ein. Die Säuren stören das Gleichgewicht der Mundflora, die Zähne werden geschädigt, der Entzündungskreislauf beginnt von vorne.

Süchtig nach Zucker

Wenn wir unseren Körper ständig mit Zucker füttern, sind Heißhungerattacken nur eine Folge. Man weiß heute, dass Zuckerkonsum auch zu suchtartigen Veränderungen des Gehirnstoffwechsels führen kann. Wenn Sie mehr zu diesem Thema wissen wollen, empfehle ich Ihnen wärmstens das Buch „Zucker. Der heimliche Killer" (erschienen im GU-Verlag, 2013).

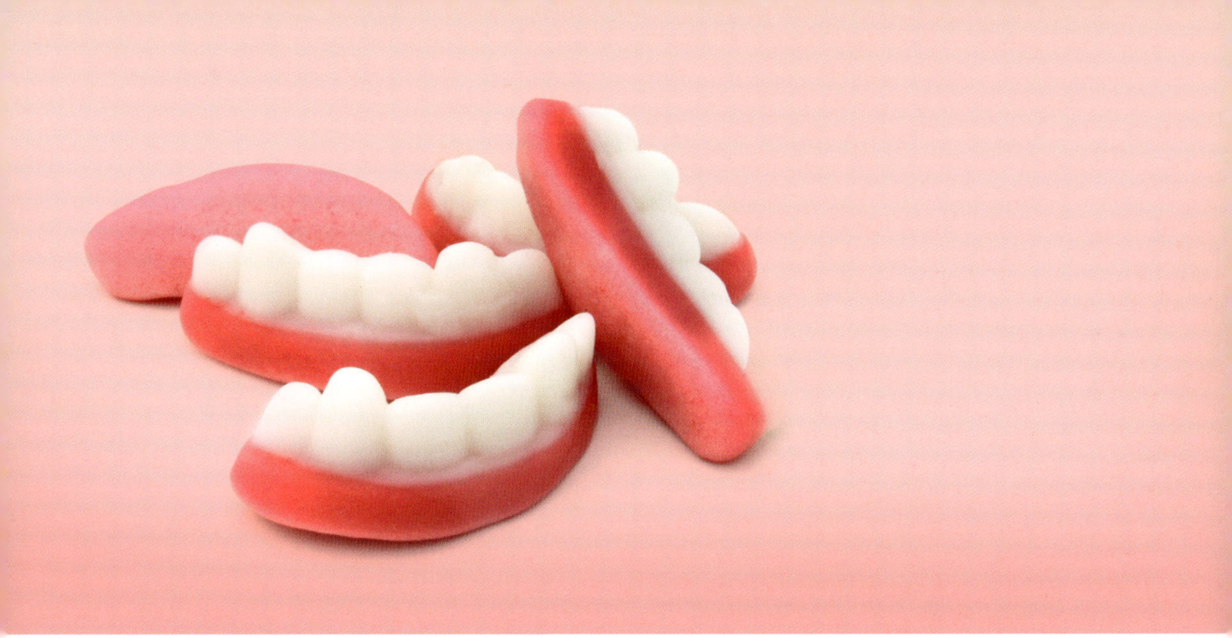

Übergewicht

Dass zu viel Süßes dick macht, ist auch nichts Neues. Aber das ständige Verlangen nach Schokolade und anderen süßen Sachen kann vor allem zu großen gesundheitlichen Beeinträchtigungen führen, Karies, Diabetes und Übergewicht sind die geringsten Risiken im Vergleich zu Herz-Kreislaufbeschwerden, Alzheimer und Krebs. All diese Erkrankungen haben ihre Ursache in einem aus dem Gleichgewicht geratenen Zuckerstoffwechsel.

Frei von Zucker

Wenn der Haushaltszucker aus dem Speiseplan gestrichen wird, muss trotzdem niemand auf Süßes verzichten!

Es gibt viele gesunde Zuckerarten, die den Stoffwechsel nicht irritieren und trotzdem das Verlangen nach Süßem stillen.

Die Rezepte in diesem Buch werden Ihnen zeigen, dass auch mit gesundem Zucker sehr gute Backwerke entstehen können – Brot, Kuchen, Torten und sogar Konfekte können Ihren Speiseplan auf gesunde Weise versüßen.

Probieren Sie es einfach aus!

Abschließende Bemerkungen

Prinzipiell kann jedes Lebensmittel bzw. dessen Inhaltsstoffe eine Allergie auslösen.

Das Wichtigste ist, das Allergen zu erkennen, dann kann es jeder konsequent vermeiden, sodass die allergische Reaktion bzw. die Unverträglichkeitsfolgen ausbleiben.

Bei der Erstellung der folgenden Backrezepte nahm ich Bezug auf meine persönliche Situation und die meines Mannes. Große Entzündungsprozesse im Körper (durch Zucker!) und die Unverträglichkeit von Gluten und Laktose waren die Grundlagen für die Rezepte der zucker-, laktose- und glutenfreien Bäckerei.

Mögen sie vielen Menschen mit ähnlicher „Ausgangslage" genussvolle Zeiten bescheren!

Im Uhrzeigersinn: Reis, Buchweizen im Vorratsglas, Schale mit geriebene Mandeln, Quinoa, Dinkeldrink, Kokosmilch, Zitrone, Pfeilwurzelmehl, Sonnenblumenkerne, Mohn, Amarant, Schale in der Mitte: Birkenzucker (Xylit)

Über die wichtigsten Zutaten

Glutenfreie Zutaten

Gluten ist ein Oberbegriff für Eiweißbestandteile im Getreide, die eine stark bindende Eigenschaft besitzen. Enthalten ist Gluten in Weizen, Roggen, Dinkel, Hafer, Gerste und in einigen Reissorten.

Amarant, Quinoa, Buchweizen, Mais, Reis sind einige Ersatzgetreide ohne Gluten.

Wissenswertes über jene Ersatzgetreide, welche sich zum Backen besonders gut eignen, werde ich Ihnen auf den folgenden Seiten wiedergeben.

Amarant

Amarant (Gartenfuchsschwanz) zählt zu den ältesten Nutzpflanzen der Menschheit und gehört zur Gattung der Fuchsschwanzgewächse. Das „Wunderkorn der Inkas" ist eine der ältesten vom Menschen kultivierten Pflanzen. Die Körner waren neben Quinoa, Mais und Kartoffeln die Grundnahrungsmittel der Inka und Azteken. Amarant wird heute weltweit kultiviert, auch in Österreich.

Das „Inkakorn" beinhaltet hochwertige Fette von hoher Qualität und ist cholesterinfrei. Das im Samen enthaltene Öl besteht zu 70 % aus ungesättigten Fettsäuren wie Linolsäure und Omega-3-Fettsäuren.

Der Anteil der Mineralstoffe Magnesium und Eisen ist dreimal so hoch wie im Weizenkorn. 100 g Amarant decken den Magnesium-Tagesbedarf eines Erwachsenen. Auch der Kalziumanteil ist auffallend hoch.

Buchweizen

Buchweizen stammt ursprünglich aus dem östlichen Zentralasien. Mit den Mongolen gelangte er im 14. Jahrhundert nach Europa. Er wird in ganz Asien und Russland angebaut, wo er große Bedeutung als Grundnahrungsmittel hat. Außerdem wird er in Nordamerika, Mittel- und Westeuropa kultiviert und auch in Österreich.

Buchweizen zählt zur Gattung der Knöterichgewächse und ist ein enger Verwandter von Sauerampfer und Rhabarber.

Im Vergleich zu herkömmlichem Getreide enthält Buchweizen besonders hochwertig zusammengesetztes Eiweiß mit lebenswichtigen Aminosäuren. Er weist ebenso einen hohen Gehalt an Eisen, Kieselsäure, Kalium und B-Vitaminen auf. Buchweizen ist leicht verdaulich.

Die Randschichten des Buchweizens enthalten einen roten Farbstoff, der eventuell Hautentzündungen hervorrufen kann. Da sich dieser in heißem Wasser löst, sollte Buchweizen vor dem Kochen heiß gewaschen werden.

Hirse

Hirse ist eine der am frühesten domestizierten Getreidearten und wurde im Lauf der Zeit in Europa von Kartoffeln und Mais verdrängt. Ihr Ursprung liegt in Zentralasien.

Hirse besitzt viele wichtige Spurenelemente wie Kalium, Fluor, Magnesium und Eisen. Auch Eiweiß und ungesättigte Fettsäuren sind Inhaltsstoffe der Hirse. Zu den wichtigsten enthaltenen Substanzen gehört organisch gebundene Kieselsäure in Form von Silizium.

Hirse gleicht Übersäuerung im Körper aus.

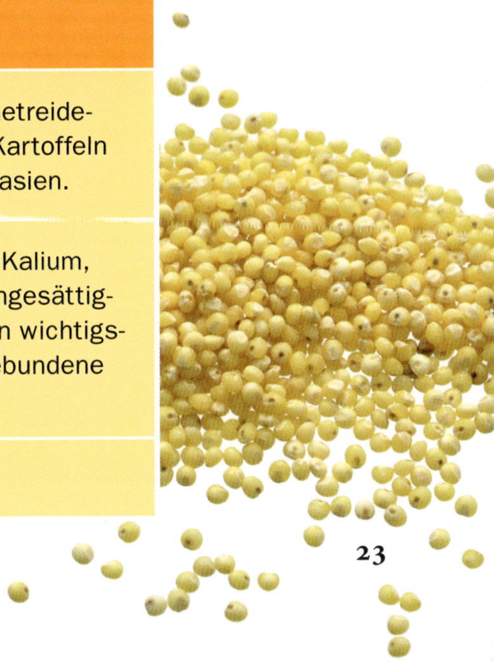

Mais

Mais, auch „Kukuruz“ genannt, ist eine Pflanzenart aus der Familie der Süßgräser (Poaceae), die ursprünglich aus Mexiko stammt.

Viele Mehlmischungen enthalten Maismehl, welches die Backwaren gelblich färbt (Farbstoff Zeaxanthin) und süßlich schmecken lässt.

Maisstärkemehl und Kartoffelstärkemehl

Stärkemehl wird aus Mais und Kartoffeln hergestellt, aber auch aus Reis. Hierfür werden die Pflanzenteile mit einer Kochsalzlösung ausgewaschen.

Meist wird zum Backen Speisestärke aus Mais (in den meisten Backmischungen hauptanteilsmäßig enthalten) verwendet, sie bewirkt, dass der Teig feiner, aber mitunter auch etwas trockener wird.

Da sowohl Kartoffel- als auch Maisstärkemehl bindende Eigenschaften haben, kann man beim Backen auf zusätzliche Bindemittel verzichten.

Ich verwende zum Backen bevorzugt Kartoffelstärkemehl und denke, es ist reine Geschmackssache, welches Stärkemehl verwendet wird.

Quinoa

Quinoa wird auch „Perureis“, „Reismelde“ oder „Inkakorn“ genannt. Sie zählt, wie Amarant, zu den ältesten Kulturpflanzen der Menschheit.

Das „heilige Korn der Inkas“ dient der indigenen Bevölkerung der südamerikanischen Anden schon seit 6000 Jahren als Nahrungsgrundlage. Zu den traditionellen Anbaugebieten zählen Ecuador, Peru, Chile, Argentinien und besonders Bolivien. Mittlerweile wird Quinoa auch in Europa und den USA kultiviert.

Quinoa ist wie Amarant eine getreideähnliche Pflanze und zählt zu den Gänsefußgewächsen. Die Quinoapflanze ist mit Spinat, Mangold und Roter Rübe verwandt.

Aufgrund der hochwertigen Eiweißzusammensetzung ist Quinoa eine bessere Eiweißquelle als herkömmliche Getreidesorten.

Die geringe Menge an Fett in den Samen besteht ausschließlich aus guten, ungesättigten Fettsäuren. Die Hälfte davon ist die lebenswichtige Linolsäure.

Quinoa liefert B-Vitamine (Vitalstoffe) und andere Vitalstoffe wie Kalzium, Magnesium, Eisen und Zink.

In der Samenschale der Körner finden sich Saponine. Sie schmecken bitter und sind in großen Mengen giftig. Vor dem Verkauf werden die Saponine durch Waschen und Schrubben in fließendem Wasser großteils entfernt. Trotz der industriellen Reinigung können die Körner aber noch Spuren davon enthalten.

Die Samen sollten vor dem Kochen gut unter heißem Wasser gewaschen werden. Bei der Ernährung von Säuglingen und Kleinkindern sollte auf Quinoa verzichtet werden. Selbst geringe Mengen an Saponinen können hier Durchfälle hervorrufen.

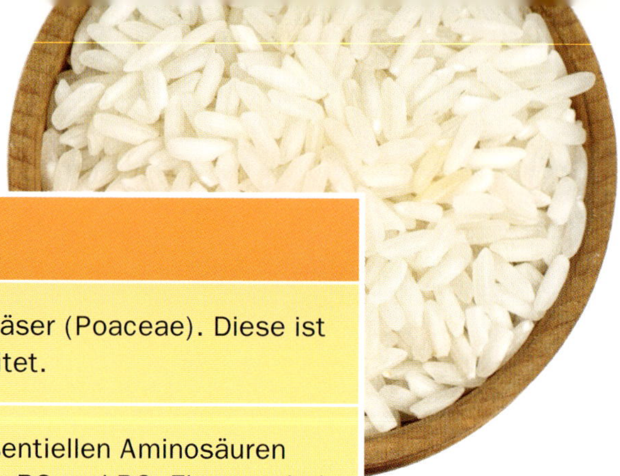

Reis

Reis gehört zur Familie der Süßgräser (Poaceae). Diese ist weltweit in warmen Zonen verbreitet.

Reis enthält neben allen acht essentiellen Aminosäuren hohe Mengen an B-Vitaminen: B1, B2 und B3. Ebenso sind die Vitamine A und K vertreten. Der Hauptmineralstoff im Reis ist das Kalium.

Reismehl stammt ursprünglich aus der äußerst vielseitigen asiatischen Küche, wo es häufig als Bindemittel für viele verschiedene Arten von Speisen genutzt wird.

Im Litermaß: Mandeldrink; im mittleren Messbecher: Dinkeldrink; im kleinen Maßbehälter: Kokosmilch; im kleinen Glas: Hafer Cuisine; im bauchigen Glas: Reisdrink

Laktosefreie Zutaten

Lactose, Milchzucker oder Laktose, ist ein in Milch und Milchprodukten enthaltener Zucker.

Mittlerweile gibt es in vielen Reformhäusern, aber auch in Supermärkten laktosefreie Produkte, wie zum Beispiel Milch, Sahne, Joghurt, Butter. In diesen Nahrungsmitteln, die sichtbar als „laktosefrei" gekennzeichnet sind, ist der Milchzucker bereits gespalten.

Es gibt mittlerweile schon sehr viele Alternativen zu Milch: Reis-, Soja-, Mandel-, Gersten-, Getreide-, Hanf-, Kokos- und Haferdrinks.

Falls Sie zusätzlich auch auf Glutenfreiheit achten (müssen), verwenden Sie nur Reis-, Mandel-, Sojadrinks und Kokosmilch. Diese Getränke sind auch glutenfrei!

Zuckerfreie Zutaten

Es gibt einige Alternativstoffe für Zucker. Mein Lieblingsprodukt ist „Birkenzucker“. Ich habe Xylit durch zwei namhafte Ärzte bzw. Homöopathen kennengelernt und seitdem verwende ich ausschließlich diesen Zuckeraustauschstoff zum Backen, Kochen und Naschen.

Xylit

Xylit, auch Xylitol oder Birkenzucker genannt, ist schon sehr lange bekannt. 1891 gewannen der deutsche Chemiker Emil Fischer und sein französischer Kollege Emil Bertrand Xylit durch die Reduktion von Holzzucker.

Xylit ist ein Zuckeralkohol, der in vielen Früchten, Gemüsesorten und Pilzen sowie in der Rinde bestimmter Holzarten, z. B. der Birke, vorkommt.
Da die Herstellung aus Baumrinden besonders aufwändig ist, ist Birkenzucker ein verhältnismäßig teurer Zuckeraustauschstoff.

Xylit entsteht auch im menschlichen Körper als Zwischenprodukt des Glukosestoffwechsels. Es ist ein Zuckeraustauschstoff, kein Süßstoff wie etwa Aspartam und Saccharin. Der Energiewert von Xylit ist um 40 % geringer als der von Zucker (Saccharose), die Süßkraft ist dieselbe.

Xylit ist der wirkungsvollste natürliche Zuckeraustauschstoff, der nebenbei positive Auswirkungen auf unsere Gesundheit hat:

- kein Eingriff in den Säure-/Basenhaushalt (Zucker macht „sauer“)
- eventuelle Darmpilze werden ausgehungert (Zucker nährt diese Pilze, dadurch auch die Heißhungerattacken)
- es macht nicht süchtig (Zucker macht süchtig)
- Xylit stoppt Karies und Zahnfleischerkrankungen (Zucker ist Hauptauslöser für diese Krankheiten)

Ich lese oft, dass zu viel Birkenzucker abführend wirken und Blähungen hervorrufen kann. Diese Erfahrung habe ich noch nie gemacht.

Birkenzucker mahle bzw. reibe ich immer ganz fein (zu Staubzucker), weil er sich im Teig besser auflöst. Ungerieben verwendet, kann es sein, dass man ihn beim Kuchenessen zwischen den Zähnen spürt.

Tipps und Erfahrungen aus meiner Backpraxis

Was Sie brauchen – die wichtigsten Zutaten:

Glutenfreie Mehle

Mais-, Reis-, Buchweizen-, Amarant-, Kastanien-, Kichererbsen- und Quinoamehl lassen sich alle gut miteinander vermischen, wodurch immer neue Geschmackskreationen entstehen.

Ich habe für die vorgestellten Rezepte auf eher neutrale Mischungen geachtet. Den Feinschliff macht jeder Koch und jede Köchin sowieso selbst! Kichererbsenmehl hat zum Beispiel einen außergewöhnlichen Eigengeschmack, den nicht jeder liebt. Ein Experiment zahlt sich immer aus!

Binde- oder Verdickungsmittel

Um mit diesen glutenfreien Mehlen ein gutes Backergebnis zu erzielen, muss der fehlende Kleberanteil durch ein Verdickungsmittel ersetzt werden.

Kichererbsenmehl, Pfeilwurzelstärke, Kuzu, Guarkernmehl, Pektin, Maisstärke, Kartoffelstärke, Reismehl und auch Flohsamen sind dafür gut geeignet, da sie eine verdickende Wirkung haben und Flüssigkeiten binden können.

Um glutenfreies Mehl backfähig zu machen, benötigt man beispielsweise pro 100 g Mehl circa

- 1 g Guarkernmehl oder
- 3 g Pfeilwurzelmehl oder
- 1 g Flohsamen

Bei der Verwendung von Guarkernmehl ist auf die genaue Dosierung zu achten, da dieses Mehl sehr stark bindet. Meine Erfahrung: Nehmen Sie für ein Brot mit ½ kg Mehl 2 gestrichene Teelöffel Guarkernmehl.

Laktosefreie Butter

Die laktosefreien Varianten von Butter sind: Butterreinfett, Butterschmalz (Schmalzbutter) und pflanzliche Margarine. Und natürlich alle üblichen Molkereiprodukte, die als „laktosefrei“ gekennzeichnet sind.

Anstelle von Butter nehme ich oft auch gerne Öl (Sonnenblumenöl, Rapsöl o.a.). Dabei berechne ich ungefähr 80 % Öl von der beschriebenen Menge Butter.

Nüsse und Samen

geben dem glutenfreien Gebäck einen guten Geschmack und besitzen einen hohen Ballaststoff- und Mineralstoffgehalt. Ein gutes Backverhalten haben z. B. gemahlene Mandeln und Haselnüsse. Walnüsse, Cashews oder auch Paranusskerne sind sehr fettreich, machen den Teig schwer und er geht beim Backen nicht wie gewünscht auf.

Schokolade

Ich verwende ausschließlich Bitterschokolade mit Xylitol. Gute, handelsübliche Bitterschokolade mit mindestens 70 % Kakaoanteil und einem geringen Zuckergehalt ist genauso möglich.

Brotgewürz

Traditionelles Brotgewürz besteht aus Kümmel, Fenchel, Koriander und Anis. Das Gewürz verleiht dem Gebäck unter anderem sein Aroma.

Ich mische mir die genannten Gewürze 1:1 zusammen und schrote sie frisch. Manchmal vermenge ich nur zwei Gewürze, um den Geschmack zu variieren.

Weinsteinbackpulver

Soll der Teig locker sein, braucht man entweder Hefe, Eischnee oder Backpulver.

Ich stelle mir Backpulver aus folgenden Zutaten (aus der Apotheke) selbst her:

- 130 g Weinstein
- 60 g Maisstärke
- 60 g doppeltkohlensaures Natron

Die Zutaten vermische ich gut und schüttle sie zwei- bis dreimal durch ein Sieb (die Mischung sollte dann keine Klümpchen mehr haben). In einem Marmeladeglas hält dieses Backpulver gut und das Selbermachen zahlt sich aus, im wahrsten Sinn des Wortes!

Wasser

Wasser kann durch die gleiche Menge Sojadrink, Reisdrink, Kokosmilch oder Mandeldrink ersetzt werden.

Worauf soll bei der Zubereitung geachtet werden?

Meine Erfahrungen und Tipps zu den Rezepten

Gleich zu Beginn möchte ich Ihnen mitteilen: Sie müssen auf Ihre glutenhaltigen Rezepte nicht verzichten! Ich habe alle unsere Lieblingrezepte „umgewandelt“. Es bedarf Zeit, die richtige Mehlmischung zu „komponieren“, aber grundsätzlich können Sie die glutenhaltigen Mehle 1:1 mit den Ersatzmehlen tauschen.

Einkaufen

Ich kaufe ausschließlich frische, biologische und wenn möglich heimische Nahrungsmittel. Die meisten Zutaten der Rezepte bekommen Sie im Biogeschäft oder Reformhaus. Buchweizen, Hirse, Mais oder Reis gibt es auch in biologischer Variante in gängigen Supermarktketten. Es ist nicht notwendig, Zutaten aufwändig zu bestellen. Es gibt alles in Ihrer Nähe!

Fertige glutenfreie Mehlmischungen werden in vielen Varianten angeboten. Beachten Sie dabei, dass Sie kein zusätzliches Bindemittel brauchen.

Ich persönlich kaufe diese Mischungen nicht, da sie ausschließlich aus Stärkemehlen bestehen, das spürt man deutlich, wenn man den Sack drückt. Es ist vielleicht die bequemere Variante, aber sicher nicht die gesündere und nahrhaftere.

Zum Kauf der Bindemittel kann ich Ihnen empfehlen: Besorgen Sie sich zum Einstieg nur Guarkernmehl. Dieses Bindemittel bringt sofort den gewünschten Erfolg, Sie erhalten es in kleinen Mengen und können es bei allen Rezepten einsetzen (statt dem angegebenen Bindemittel).

Von „Birkenzucker“ bzw. „Xylit“ gibt es sehr viele Angebote am Markt. Ich kaufe nur finnisches Xylitol („Birkenzucker“), das aus Birkenwäldern in nachhaltiger Landwirtschaft erzeugt wird.

Seien Sie kritisch und vergleichen Sie die Preise!

Verarbeitung der Mehle

Mahlen Sie wenn möglich alle Ersatzgetreide frisch. So bekommt der Kuchen bzw. das Brot einen vollen Geschmack und es bleiben vor allem alle wichtigen Nährstoffe der Körner erhalten. Wenn Sie Reis selber mahlen, erhalten Sie Reisvollkornmehl.

Fertige Mehle können nie so frisch sein, und ob die Nährstoffe noch vorhanden sind, ist fraglich.

Amarant zum Beispiel wird sehr schnell ranzig, wenn man das daraus gewonnene Mehl aufbewahrt.

Durch die Mischung verschiedener Mehlsorten verbessern sich die Backeigenschaften. Ich habe mich bei meinen Rezepten bemüht, möglichst viele unterschiedliche Mehlmischungen zu verwenden.

Der Fantasie sind aber keine Grenzen gesetzt – experimentieren Sie!

Praktische Erfahrungen:

- Durch **zu viel Reismehl** (mehr als 30 %) wird das Backgut ziemlich feucht und fest, wie „sitzen geblieben".
- Durchgedrückte **gekochte Kartoffeln** (20 % der Mehlmenge) machen den Teig besonders saftig.
- **Guarkernmehl und Pfeilwurzelmehl** sind die bekanntesten Quellmittel in der glutenfreien Ernährung. Ein Zuviel von beiden macht den Teig gummiartig, was zu Blähungen und Verdauungsbeschwerden führen kann. Halten Sie sich bitte an die Angaben in den Rezepten.

› **Hirse wird im gemahlenen Zustand sehr schnell bitter und ranzig,** darum mahle ich immer nur die angegebene Menge. Hirsekörner werden vor dem Mahlen mit heißem Wasser abgewaschen und getrocknet.
Im Handel wird Braunhirse angeboten, die Sie auch verwenden können. Zu beachten ist aber, dass Braunhirse für Menschen mit Magen- und Darmbeschwerden nicht geeignet ist. Sie beinhaltet Stoffe, die die Darmschleimhaut reizen können.

› **Die Aufbewahrung ist bei den meisten glutenfreien Mehlen nicht zu empfehlen.**
Sie entwickeln einen bitteren Geschmack und werden schnell ranzig. Ein einziges Mehl habe ich in kleiner Menge (im Viertelliter-Marmeladeglas) immer vorrätig in der Küche: Buchweizenmehl.

› **Brotteige aus glutenfreien Mehlen haben eine andere Konsistenz** als aus glutenhaltigen.

› **Eine Grundregel lautet: lieber feuchter als zu trocken, also lieber mehr Wasser als zu wenig.**
Das gilt für Brotteige sowie auch für Kuchen und Torten. Da die verwendete Flüssigkeit im Teig durch die Stärke und die Verdickungsmittel nicht sofort gebunden werden kann (bei glutenhaltigen Teigen passiert das sofort – glutenfreie Teige brauchen dafür mehr Zeit), darf bzw. soll der Teig etwas feuchter und klebriger sein, als wir es von glutenhaltigen Teigen gewöhnt sind.

› **Die Verarbeitung glutenfreier Brotteige ist kürzer als die der „herkömmlichen Teige“.** Es werden alle trockenen Anteile gut vermischt, dann kommt die Flüssigkeit dazu. Wenn alles gut miteinander verbunden ist, kommt der Teig in die Form. Dafür befeuchte ich meine Hände, sonst klebt der Teig überall, nur nicht in der Form!

Backen

Zum Backen verwende ich immer nur Ober- und Unterhitze. Alle angegebenen Temperaturen bei den Rezepten beziehen sich auf diese Einstellung.

Beim Backen von Brot stelle ich einen Topf oder ein Bratblech mit Wasser auf den Rohrboden, da glutenfreies Brot während des Backens viel Feuchtigkeit verliert. Besonders saftig wird das Brot, wenn Sie einen gewässerten Römertopf verwenden.

Die schönste Brotkruste erhalten Sie mit Ober- bzw. Unterhitze dann, wenn Sie das Rohr sehr heiß vorheizen (220–250° C) und das Brot vor dem Backen mit Butter, Obers oder Ei-Milch bestreichen.

Nach 10 Minuten Backzeit schalte ich die Temperatur auf 200–220° C zurück. Lieber heißer und kürzer backen – das gilt nur für Brote!

Bei Kuchen empfehle ich (zumindest anfangs) keine Experimente mit höheren Temperaturen und Backzeitänderungen. Die Ergebnisse sind nicht so gut. Auf die „Nadelprobe" nicht vergessen: Zu Backende sticht man den Kuchen mit einer Stricknadel (Schaschlikstäbchen) an und zieht sie gleich wieder heraus: Klebt Teig daran, verlängert man die Backzeit um einige Minuten, klebt kein Teig an der Nadel, ist der Kuchen durchgebacken.

Noch ein Tipp zum Zubereiten des Kuchenteiges: Ich gebe zu jedem Teig eine Prise Salz, das macht den Kuchen lockerer.

Aufbewahrung

Grundsätzlich trocknen glutenfreie Backwaren rasch aus. Bei Kuchenteigen geht es meist nicht so schnell, weil sie durch Marmelade oder Cremen oft feuchtgehalten werden.

Das Brot bewahre ich in einem Papiersackerl auf. Bevor es ganz hart wird – was selten passiert –, schneide ich es in feine Schnitten und trockne diese (siehe Rezept „Brot-Chips").

Aus diesen getrockneten Brotschnitten stelle ich auch die glutenfreien Brösel bzw. glutenfreies „Semmelbrot" für Knödel her.

Zubereitung von Bröseln:
Einfach in der Küchenmaschine fein reiben. Dabei achte ich natürlich auf die Art des Brotes, besonders geeignet für Brösel ist ein Nussbrot mit wenig Brotgewürz; zu Fruchtknödeln schmecken die Brösel sehr lecker.

Haltbarmachen

Brot und Kuchen lassen sich natürlich auch einfrieren.

Beim Kuchen gehen Sie vor wie immer, Brote werden am besten in Schnitten eigefroren: Ich lege dabei zwischen zwei Schnitten eine Lage Butterpapier, damit sie nicht zusammenkleben. So kann ich einzelne Brotschnitten jederzeit leicht herausnehmen. Besonders gut schmecken sie, wenn sie im Toaster aufgetaut werden.

Die Zutatenlisten lesen …

Grundsätzliches

Ich verwende in meiner Küche ausschließlich Lebensmittel bzw. Zutaten aus ökologischer Landwirtschaft und kaufe, sofern es möglich ist, in meiner unmittelbaren Wohnumgebung ein.

Alle Zutaten können auch in gut bestückten Supermärkten und natürlich in Biogeschäften erworben werden.

„Besondere" Zutaten

Alle angeführten Mehle sind glutenfrei. Ich besorge mir das Ersatzgetreide im vollen Korn und mahle es frisch vor Gebrauch. Es gibt aber in Biogeschäften und auch in anderen Supermärkten natürlich ebenso die gemahlene Form.

Mit Butter meine ich eine laktosefreie Variante, wie z. B. Pflanzenölmargarine, laktosefreie Butter etc. Diese Produkte bekommen Sie in Biogeschäften und in vielen Supermärkten.

Sojadrink, Reisdrink … können durch Mandeldrink und Kokosmilch ersetzt werden. Die Getränke dürfen natürlich auch miteinander vermischt werden. Diese Produkte sind ebenfalls in Biogeschäften und in vielen Supermärkten erhältlich.

Birkenzucker mahle bzw. reibe ich immer ganz fein (zu Staubzucker), weil er sich im Teig besser auflöst. Ungerieben verwendet, kann es sein, dass man ihn beim Kuchenessen zwischen den Zähnen spürt. Birkenzucker findet man bereits immer öfter in Biomärkten. Ich bevorzuge den finnischen Birkenzucker aus 100 % nachhaltigem Anbau, den ich von der Firma Schloss-Eule in Füssen beziehe (siehe Bezugsquellen S. 128).

Als Marmelade verwende ich zuckerfreie, selbst hergestellte Fruchtaufstriche.

Zuckerfreie Schokolade gibt es in Biogeschäften. Ich verwende trotzdem oft eine gute Bitterschokolade mit mind. 70 % Kakaoanteil, die hat von vorherein keinen hohen Zuckergehalt.

Bitte seien Sie achtsam, wenn Sie ätherische Öle zum Kochen und Backen verwenden! Wählen Sie immer das reinste Öl (nur aus der Apotheke!) und verwenden Sie es sparsam. Informieren Sie sich auch über etwaige Allergien gegenüber bestimmten Früchten bei Ihren Gästen, bevor Sie Öle einsetzen. Eine gute Alternative zu Zitrusölen sind die fein geriebenen Schalen (von biologischen) Zitrusfrüchten.

Mengenangaben

EL = Esslöffel
TL = Teelöffel
kg = Kilogramm
g = Gramm
l = Liter
ml = Milliliter

Backformen und ihre Größe

Kastenform: 30 cm lang
Kleine Torte: Ø 22 cm
Ovale Auflaufform: 30 cm lang
Eckige Auflaufform: 20 x 30 cm
Rehrückenform: halbrunde Kastenform, 30 cm lang

Brote

Amarantbrot
mit Leinsamen und Nüssen

EIN SEHR NAHRHAFTES BROT

WAS SIE BRAUCHEN:

- 400 g Amarantmehl
- 250 g Hirsemehl
- 1 Pkg. Weinsteinbackpulver
- 1 EL Guarkernmehl oder Pfeilwurzelmehl
- 1 TL Birkenzucker
- 1 TL Salz
- Brotgewürz
- 1 EL Leinsamen
- 100 g Haselnüsse, gemahlen
- ½ l Wasser für den Teig
- 1 EL Apfelessig
- 2 EL Sonnenblumenöl
- ½ l Wasser für das Backrohr

... UND WIE'S GEHT:

- Backrohr vorbereiten: 220 Grad vorheizen, einen (noch leeren) feuerfesten Wasserbehälter auf den Boden des Backrohrs stellen.
- Die Mehle mit dem Weinsteinbackpulver, dem Salz, dem Leinsamen, den Haselnüssen, dem Birkenzucker und dem Brotgewürz gut mischen.
- Apfelessig, Öl und Wasser in das Mehlgemisch gießen und alles zu einem zähen Teig verrühren.
- Eine rechteckige Auflaufform (20 x 30 cm) mit Backpapier auslegen. Den Teig einfüllen und mit nassen Händen in Form bringen.
- Wasser in den Behälter am Rohrboden gießen und das Brot bei 220 Grad 1 Stunde backen.
- Aus dem Rohr nehmen und auf einem Kuchenrost auskühlen lassen.

ERGIBT CIRCA
15 SCHEIBEN

Meine Tipps

- Statt dem Hirsemehl nehme ich zur Abwechslung gerne Buchweizenmehl.
- Wenn Sie das Brot nach 50 Minuten Backzeit mit Öl bestreichen, bekommt es eine besonders knusprige Kruste.

Genuss-Tipps

- Den Teig können Sie natürlich mit verschiedenen Kernen verfeinern.
- Durch das Amarantmehl schmeckt dieses Brot noch nussiger! Genießen Sie es mit Butter und Kräutern!

ERGIBT CIRCA
15 SCHEIBEN

Meine Tipps

- Dieses Brot zählt zu unseren Lieblingsbroten, weil es durch die vielen Körndln so gut saftig ist und auch so bleibt.
- Statt der Walnüsse schmecken auch Haselnüsse oder Mandeln gut.
- Bestreuen Sie das Brot, wie es Ihrem Geschmack entspricht – mit Körnermix oder nur mit einer Sorte …

Genuss-Tipps

- Ich mag es gern süß und mische ab und zu einige Cranberries oder Rosinen in den Teig.
- Mit ein wenig Butter schmeckt es herrlich zu Kaffee oder Tee.

Körndlbrot

SAFTIG UND NUSSIG

WAS SIE BRAUCHEN:

- 200 g Buchweizenmehl
- 150 g Amarantmehl
- 150 g Quinoamehl
- 1 EL Guarkernmehl oder Pfeilwurzelmehl
- 2 TL Salz
- 1 EL Sonnenblumenkerne
- 1 EL Kürbiskerne
- 100 g Walnüsse, gehackt
- 1 Pkg. Weinsteinbackpulver
- 1 TL Birkenzucker
- ½ l Wasser für den Teig
- ½ l Wasser für das Backrohr

… UND WIE'S GEHT:

- Das Backrohr vorbereiten: 220 Grad vorheizen, einen (noch leeren) feuerfesten Wasserbehälter auf den Boden des Backrohrs stellen.
- Alle trockenen Zutaten miteinander mischen und anschließend das Wasser dazugießen.
- Einen zähen Teig rühren, eine ovale Auflaufform (ca. 30 cm lang) mit Backpapier auslegen und darin den Teig mit nassen Händen zu einem Laib formen.
- Wasser in den Behälter am Rohrboden gießen und das Brot bei 220 Grad 1 Stunde backen.
- Aus dem Rohr nehmen und auf einem Kuchenrost auskühlen lassen.

Sonnenblumen-kernbrot

EIN SONNIG-KERNIGES BROT

WAS SIE BRAUCHEN:

- 200 g Reisvollkornmehl
- 150 g Amarantmehl
- 150 g Kartoffelstärkemehl
- 1 EL Guarkernmehl oder Pfeilwurzelmehl
- 1 Pkg. Weinsteinbackpulver
- 2 TL Salz
- 1 TL Birkenzucker
- 1 EL Brotgewürz
- 2–3 EL Sonnenblumenkerne
- ½ l Wasser für den Teig
- Sonnenblumenkerne zum Bestreuen
- ½ l Wasser für das Backrohr

... UND WIE'S GEHT:

- Das Backrohr vorbereiten: 220 Grad vorheizen, einen (noch leeren) feuerfesten Wasserbehälter auf den Boden des Backrohrs stellen.
- Die Mehle mit dem Weinsteinbackpulver gut mischen.
- Die restlichen Zutaten einmengen.
- Das Wasser zufügen und zu einem zähen Teig verrühren.
- Den Teig in eine mit Backpapier ausgelegte kleine Tortenform füllen und mit nassen Händen in Form bringen.
- Wenn Sie das Brot mit Kernen bestreuen wollen, dann drücken Sie diese mit der flachen Hand leicht auf das bereits geformte Brot.
- Wasser in den Behälter am Rohrboden gießen und das Brot bei 220 Grad 1 Stunde backen.
- Aus dem Rohr nehmen und auf einem Kuchenrost auskühlen lassen.

ERGIBT CIRCA
15 SCHEIBEN

Meine Tipps

- Wie am Foto leicht zu erkennen ist, haben sich ein paar Kürbiskerne zu den Sonnenblumenkernen gesellt; ich mische gerne Reste von anderen Kernen dazu.
- Machen Sie auch einmal ein Kürbiskernbrot. Dafür einfach die Sonnenblumenkerne durch Kürbiskerne ersetzen.

Genuss-Tipps

- Rösten Sie die Sonnenblumenkerne in einer Pfanne, das verleiht dem Brot einen rustikalen, herzhaften Geschmack!

ERGIBT CIRCA
15 SCHEIBEN

Meine Tipps

- Ich nehme statt des Joghurts einen Soja-Joghurtersatz.
- Das Kastanienmehl (hat man nicht immer zur Verfügung) können Sie durch Buchweizenmehl ersetzen. Das Buchweizenmehl kann ersetzt werden durch Amarantmehl.

Genuss-Tipps

- Ersetzen Sie das Sonnenblumenöl durch Kürbiskernöl, das gibt dem Brot ein besonderes Aroma!

Kastanienmehlbrot

EIN BROT MIT KRÄFTIGER NOTE

WAS SIE BRAUCHEN:

- 200 g Kastanienmehl
- 150 g Buchweizenmehl
- 150 g Maisstärkemehl
- 1 EL Guarkernmehl oder Pfeilwurzelmehl
- 1 Pkg. Weinsteinbackpulver
- 1 TL Birkenzucker
- 2 TL Salz
- 1 EL Leinsamen
- 1 EL Kürbiskerne
- ¼ l Wasser für den Teig
- ¼ l Joghurt
- 3 EL Sonnenblumenöl
- ½ l Wasser für das Backrohr

… UND WIE'S GEHT:

- Das Backrohr vorbereiten: 220 Grad vorheizen, einen (noch leeren) feuerfesten Wasserbehälter auf den Boden des Backrohrs stellen.
- Die Mehle mit dem Weinsteinbackpulver mischen.
- Die restlichen trockenen Zutaten dazugeben.
- Das Wasser mit dem Joghurt und dem Öl mischen und in das Mehlgemisch gießen.
- Alles gut miteinander verrühren.
- Den Teig in eine mit Backpapier ausgelegte Kastenform füllen.
- Wasser in den Behälter am Rohrboden gießen, Temperatur auf 200 Grad reduzieren und das Brot 1 Stunde backen.
- Aus dem Rohr nehmen und auf einem Kuchenrost auskühlen lassen.

Nussbrot

... MIT KNUSPRIGER KRUSTE

WAS SIE BRAUCHEN:

- 300 g Buchweizenmehl
- 200 g Amarantmehl
- 100 g Reisvollkornmehl
- 1 EL Guarkernmehl oder Pfeilwurzelmehl
- 1 Pkg. Weinsteinbackpulver
- 1 TL Birkenzucker
- 2 TL Salz
- 1 EL Leinsamen, geschrotet
- 150 g Walnüsse
- 5 EL Rapsöl
- ½ l Wasser für den Teig
- ½ l Wasser für das Backrohr

... UND WIE'S GEHT:

- Das Backrohr vorbereiten: 220 Grad vorheizen, einen (noch leeren) feuerfesten Wasserbehälter auf den Boden des Backrohrs stellen.
- Die Nüsse grob hacken.
- Die Mehle mit dem Weinsteinbackpulver mischen und die restlichen trockenen Zutaten dazugeben.
- Das Wasser mit dem Öl mischen und zu den trockenen Zutaten geben.
- Zu einem Teig vermengen und diesen in eine mit Backpapier ausgelegte kleine Tortenform füllen.
- Mit nassen Händen zu einem Laib formen.
- Wasser in den Behälter am Rohrboden gießen und das Brot bei 220 Grad 1 Stunde backen.
- Aus dem Rohr nehmen und auf einem Kuchenrost auskühlen lassen.

ERGIBT CIRCA 15 SCHEIBEN

Meine Tipps

- Ersetzen Sie die Walnüsse durch Ihre Lieblingsnüsse.
- Das Brot lässt sich nicht sehr leicht mit der Maschine schneiden (bricht leicht), besser mit einem Brotmesser breitere Scheiben aufschneiden.
- Bestreichen Sie das Brot nach 50 Minuten Backzeit mit Öl, das macht eine resche Kruste!

Genuss-Tipps

- Genießen Sie dieses Brot zu einem Gläschen Wein oder auch als Snack zwischendurch. Es ist sehr sättigend und gesund obendrein.

ERGIBT CIRCA
15 SCHEIBEN

Meine Tipps

- Dieses Brot ist meine erste glutenfreie Rezept-Kreation! Oft erprobt, immer gelungen.
- Variieren Sie mit Nüssen und Kernen, das gibt dem Brot unterschiedliche aromatische Noten.

Genuss-Tipps

- Ersetzen Sie das Wasser durch Reisdrink, Sojadrink oder Joghurt, so ergeben sich geschmackliche Variationen.

Buchweizenbrot

UNSER ALLTAGSBROT

WAS SIE BRAUCHEN:

- 400 g Buchweizenmehl
- 100 g Amarantmehl
- 1 EL Guarkernmehl oder Pfeilwurzelmehl
- 1 Pkg. Weinsteinbackpulver
- 1–2 EL Brotgewürz
- 1 TL Salz
- 2 TL Leinsamen, Kürbiskerne, Sonnenblumenkerne oder gehackte Nüsse
- ½ l Wasser für den Teig
- ½ l Wasser für das Backrohr

... UND WIE'S GEHT:

- Das Backrohr vorbereiten: 220 Grad vorheizen, einen (noch leeren) feuerfesten Wasserbehälter auf den Boden des Backrohrs stellen.
- Alle trockenen Zutaten vermengen und mit dem Wasser zu einem Teig verrühren. Der Teig soll nicht zu trocken sein, lieber etwas mehr Wasser dazugeben.
- Den Teig in eine mit Backpapier ausgelegte Kastenform füllen.
- Wasser in den Behälter am Rohrboden gießen und das Brot bei 220 Grad 1 Stunde backen.
- Aus dem Rohr nehmen und auf einem Kuchenrost auskühlen lassen.

Katrins Hirselaibchen

FÜR DIE JAUSE UNTERWEGS

WAS SIE BRAUCHEN:

- 400 g Hirsemehl
- 2 TL Guarkernmehl oder Pfeilwurzelmehl
- 1 Pkg. Trockenhefe oder für die hefefreie Variante: 1 Pkg. Weinsteinbackpulver
- 1–2 Tl. Salz
- 1 TL Brotgewürz
- ca. 30 ml 1:1 Wasser-Sojadrink-Gemisch
- Kürbiskerne oder Sonnenblumenkerne zum Bestreuen
- ½ l Wasser für das Backrohr

... UND WIE'S GEHT:

- Das Backrohr vorbereiten: 160 Grad vorheizen, einen (noch leeren) feuerfesten Wasserbehälter auf den Boden des Backrohrs stellen.
- Die Hefe in wenig Wasser auflösen und mit den restlichen Zutaten zu einem Teig verarbeiten bzw. das Weinsteinbackpulver mit den Mehlen mischen und die restlichen Zutaten dazugeben. Der Teig soll nicht zu nass sein.
- Den Teig mindestens 1 Stunde rasten lassen.
- Dann mit nassen Händen kleine Fladen oder auch Laibchen formen, Wasser in den Behälter am Rohrboden gießen und die Laibchen ca. 20 Minuten bei 160 Grad backen.

Meine Tipps

› Die Konsistenz des Teiges erinnert an die Sandmasse, die Kinder zum Sandkuchenbauen brauchen.

› Da ich keine Hefe verwende, bereite ich dieses Rezept mit einer Packung Weinsteinbackpulver zu.

› Eignet sich gut zum Füllen – für die Jause und unterwegs.

Genuss-Tipps

› Bestreuen Sie die Laibchen noch vor dem Backen mit Kernen, zum Beispiel mit Kürbiskernen.

› Das Gebäck ist durch die Hirse sehr hell, erinnert an Semmeln und passt gut zu Marmelade und anderen süßen Aufstrichen.

Meine Tipps

- Statt den Stabmixer zu verwenden, können Sie die Kartoffeln auch durch eine Kartoffelpresse drücken.
- Wenn der Teig sehr trocken ist, geben Sie noch Sojadrink dazu, er soll aber nicht flüssig werden.
- Das Brot ist sehr saftig und eignet sich besonders gut zum Einfrieren.

Genuss-Tipps ★

- Besonders wertvoll ist das Brot, wenn die Kartoffeln frisch aus dem eigenen Garten kommen!
- Belegt mit frischem Schnittlauch und Butter ein aromatisches Abendbrot!

Kartoffelbrot

EIN HERBSTLICHES BROT

WAS SIE BRAUCHEN:

- 400 g Buchweizenmehl
- 100 g Maismehl
- 150 g Kartoffelstärkemehl
- ½ Pkg. Weinsteinbackpulver
- 1 TL Guarkernmehl oder Pfeilwurzelmehl
- ca. 250 g mehlige, gekochte Kartoffeln vom Vortag (3–4 Stück)
- 1 gehäuften EL Brotgewürz
- 2 TL Salz
- 3 EL Sonnenblumenöl
- 450 ml Sojadrink
- ½ l Wasser für das Backrohr

... UND WIE'S GEHT:

- Das Backrohr vorbereiten: 220 Grad vorheizen, einen (noch leeren) feuerfesten Wasserbehälter auf den Boden des Backrohrs stellen.
- Die Kartoffeln vom Vortag schälen und zusammen mit etwas Sojadrink (ca. 200 ml) mit dem Stabmixer pürieren.
- Die Mehle mit dem Weinsteinbackpulver mischen und die übrigen, trockenen Zutaten beimengen.
- Sonnenblumenöl, Sojadrink und die Kartoffeln einmengen und gut verrühren. Der Teig wird sehr zäh.
- Die Masse in eine mit Backpapier ausgelegte Kastenform füllen.
- Wasser in den Behälter am Rohrboden gießen und das Brot bei 220 Grad 1 Stunde backen.
- Aus dem Rohr nehmen und auf einem Kuchenrost auskühlen lassen.

Brot-Chips

WERTVOLLES KNABBERN

WAS SIE BRAUCHEN:

› 2–3 Tage altes Brot

... UND WIE'S GEHT:

› Schneiden Sie das Brot in sehr feine Scheiben, am besten mit der Brotmaschine. Die Scheiben sollen „durchsichtig" sein.

› Belegen Sie ein Backblech mit den Brotscheiben. Wer will, kann jetzt noch einige Tropfen Öl über das Brot geben.

› Bei 100 Grad trocknen lassen. Die Dauer bestimmen Sie, denn es kommt ja darauf an, welches Brot sie nehmen und wie nass dieses Brot war.

› Durch die geringe Temperatur kann den Chips nichts passieren, auch wenn sie länger im Rohr sind!

› Die Chips halten sich gut in Blechdosen.

Meine Tipps

- Besonders gut finde ich nussige Brote als Chips.
- Chili-, Knoblauch- oder Olivenöl geben den Chips noch einen Extra-Kick!

Genuss-Tipps

- Reichen Sie zu den Chips Aufstriche als Dip und saures Gemüse ... das naschen auch Kinder gern!

ERGIBT CIRCA
15 SCHEIBEN

Meine Tipps

- Das Brot ist sehr mild und sehr leicht verdaulich.
- Geben Sie je 1 EL Leinsamen, Sonnenblumenkerne oder gehackte Nüsse in den Teig. Nicht vergessen: etwas mehr Flüssigkeit dazumischen!
- Das Reisbrot am Bild würzte ich mit Koriander und Kümmel.

Genuss-Tipps

- Machen Sie aus Reisbrot Chips!
- Da dieses Brot sehr mild ist und ohne Gewürze zubereitet wird, lässt es sich sehr vielfältig verwenden: scharf, süß und auch als Garnitur zur Kartoffelsuppe. Sehr lecker und für viele Gäste etwas Besonderes!

Reisbrot

LEICHT VERDAULICH UND FLEXIBEL

WAS SIE BRAUCHEN:

- 300 g Reisvollmehl
- 200 g Kartoffelstärkemehl
- 1 Pkg. Weinsteinbackpulver
- 2 TL Guarkernmehl oder Pfeilwurzelmehl
- 1 TL Salz
- 400 ml Wasser
- eventuell Brotgewürz
- 2–3 TL Öl zum Bestreichen

... UND WIE'S GEHT:

- Das Backrohr auf 220 Grad vorheizen.
- Die Mehle mit dem Salz und dem Weinsteinbackpulver mischen und mit dem Wasser gut verkneten.
- Den Teig in eine mit Backpapier ausgelegte Rehrückenform füllen.
- Das Brot bei 220 Grad 1 Stunde backen.
- Nach ca. 50 Minuten Backzeit wird das Brot mit Öl bestrichen und die restlichen 10 Minuten fertig gebacken.
- Aus dem Rohr nehmen und auf einem Kuchengitter auskühlen lassen.

Kuchen & Torten

Apfelkuchen aus Mürbteig

EIN ZIMTIGER KAFFEEKUCHEN

WAS SIE BRAUCHEN …

FÜR DEN MÜRBTEIG:

- 1 Ei
- 100 g kalte Butter
- 60 g Birkenzucker
- 100 g Amarantmehl
- 3 EL Mandeln, gemahlen
- 50 g Kartoffelstärkemehl
- 50 g Maismehl
- 1 TL Flohsamen, gemahlen
- 1 Prise Salz

FÜR DEN BELAG:

- 3 Eier
- 100 g Birkenzucker, fein gemahlen
- 1 Becher Sauerrahm, laktosefrei
- 4–5 Äpfel
- 1 TL Zimtpulver
- 100 g Mandeln, gehackt

… UND WIE'S GEHT:

- Den Mürbteig aus den angegebenen Zutaten rasch zubereiten und mindestens 1 Stunde kühl rasten lassen.
- Danach eine Backform (Springform, Tarteform …) einfetten.
- Den Mürbteig ausrollen und in die Form legen. Eventuell einen 2–3 cm hohen Rand bilden.
- Die 3 Esslöffel gemahlene Mandeln am Teigboden verteilen.
- Die Äpfel schälen, in Spalten schneiden und den Teig damit belegen.
- Eier und Birkenzucker schaumig rühren, dann den Sauerrahm, den Zimt und die gehackten Mandeln unterrühren.
- Diese Schaummasse über den Apfelspalten verteilen.
- Den Kuchen bei 175 Grad Umluft 50 Minuten backen, anschließend im ausgeschalteten Rohr noch ca. 20 Minuten rasten lassen.

Meine Tipps

- Dieses Mürbteig-Grundrezept können Sie auch für Rhabarber-, Stachelbeer-, Ribisel- oder Topfenkuchen verwenden.
- Wenn Sie den Kuchen einen Tag rasten lassen, ist er gut durchzogen und saftig.

Genuss-Tipps

- Den Guss können Sie, je nach Geschmack und Vorlieben, auch mit Rosinen, Vanille oder verschiedenen Nusssorten verfeinern.

FÜR
10–12 PERSONEN

Meine Tipps

- Statt Soja- oder Reisdrink kann auch Kokosmilch oder Mandeldrink verwendet werden.
- Ich gebe auch gerne einen Tropfen Orangenöl (von Primavera) zum Teig – ergibt ein frisches Aroma!
- Statt den Rosinen schmecken auch andere Trockenfrüchte gut und bringen Abwechslung, z. B. Marillen, Ananas, Kokosraspeln, Pflaumen.

Genuss-Tipps

- Der Maisgrießkuchen schmeckt auch als süße Hauptspeise mit Apfelmus, Apfelkompott oder anderen Früchten lecker.

Maisgrießkuchen

EIN SÜSSER „JAUSEN-STERZ"

WAS SIE BRAUCHEN:

- ¾ l Soja- oder Reisdrink
- 80 g Birkenzucker
- 1 Prise Salz
- ¼ kg Maisgrieß/Polenta
- 2 EL Rosinen
- 1 Vanilleschote, längs halbiert, oder 1 TL Vanillezucker
- 5 Eier
- 100 g Butter (handwarm)
- abgeriebene Schale einer Zitrone

... UND WIE'S GEHT:

- Sojadrink mit dem Zucker, dem Salz und der Vanilleschote (Vanillezucker) aufkochen.
- Maisgrieß dazugeben und unter ständigem Rühren dick einkochen; dann erkalten lassen.
- Eine Backform oder ein tiefes Backblech mit Backpapier auslegen.
- Die Eier trennen.
- Butter mit Zitronenschale schaumig rühren, Dotter dazu.
- Aus dem Eiklar steifen Schnee schlagen.
- Aus der erkalteten Grießmasse die Vanilleschote herausnehmen.
- Schnee und Dotterabtrieb in die Grießmasse unterheben, Rosinen dazu und den Teig auf das Blech oder in die Form streichen.
- Bei 180 Grad ca. 1 Stunde backen.
- Den Kuchen in der Form erkalten lassen, dann stürzen.

Buchweizen-Karotten-Torte

EINE SAFTIG-NUSSIGE TORTE

WAS SIE BRAUCHEN:

› 5 Eier
› 8 EL Birkenzucker
› 2 EL Zitronensaft
› 250 g Karotten, geraspelt
› 75 g Buchweizenmehl
› 1 Pkg. Weinsteinbackpulver
› 100 g Kokosflocken, fein gemahlen
› 140 g Mandeln (oder Haselnüsse), gemahlen
› 1 Prise Salz

... UND WIE'S GEHT:

› Eine Springform einfetten und mit Buchweizenmehl bemehlen.
› Das Backrohr auf 160 Grad vorheizen.
› Die Karotten raspeln, die Mandeln grob mahlen und die Eier trennen.
› Die Dotter mit dem Birkenzucker schaumig rühren.
› Das Buchweizenmehl mit dem Backpulver vermischen, zum Teig geben und gut unterrühren.
› Danach Kokosflocken, Zitronensaft, Karotten und Mandeln dazugeben.
› Die Eiklar mit der Prise Salz zu Schnee schlagen und unter den Buchweizenteig heben.
› Den Teig in die Form füllen und bei 180 Grad ca. 65 Minuten backen.

FÜR
6–8 PERSONEN

Meine Tipps

- Statt dem Buchweizenmehl nehme ich auch gerne gemahlene Nüsse, z. B. Mandeln oder Haselnüsse.
- Statt den Karotten können Sie auch Rote Rüben, Kürbis oder Zucchini raspeln.
- Und wenn Sie die Nüsse grob hacken statt mahlen, dann wird jeder Bissen ein saftig-nussiger Genuss!

Genuss-Tipps

- Sie können die Torte bezuckern oder auch mit einer Glasur (mit Birkenzucker zubereitet) versüßen.

FÜR
6–8 PERSONEN

Meine Tipps

- Statt des Kakaos nehme ich zur Abwechslung auch gerne 50 g Rosinen.
- Das Kartoffelmehl kann durch Maisstärke ersetzt werden und statt des Pfeilwurzelmehls können Sie natürlich auch die gleiche Menge Flohsamen oder Guarkernmehl verwenden.

Genuss-Tipps ★

- Der Guglhupf schmeckt auch mit Butter sehr lecker – meine Oma hat ihn so zum Frühstückskaffee gegessen.

Omas Sonntagsguglhupf

EIN NOSTALGISCHER KUCHENGENUSS

WAS SIE BRAUCHEN:

- 4 Eier
- 100 g Sonnenblumenöl
- 100 ml Wasser
- Saft und Schale von ½ Zitrone
- 200 g Birkenzucker, fein gerieben
- 1 EL Kakaopulver
- 100 g Kartoffelstärkemehl
- 150 g Buchweizenmehl
- 1 TL Pfeilwurzelmehl
- 1 Pkg. Weinsteinbackpulver
- 1 Vanilleschote

... UND WIE'S GEHT:

- Eiklar zu steifem Schnee schlagen.
- Birkenzucker mit Öl, Wasser, Vanille, Zitronensaft und Zitronenschale und den Dottern schaumig rühren.
- Die Mehle mit dem Backpulver gut mischen und abwechselnd mit dem Schnee unter die Dottermasse heben.
- Von diesem Teig ⅓ in eine Schüssel geben und mit dem Kakao gut vermischen.
- Den weißen und den braunen Teig abwechselnd in eine ausgefettete und bemehlte Guglhupfform füllen.
- Bei 170 Grad ca. 1 Stunde backen.
- Danach gleich aus der Form stürzen und abkühlen lassen.

Mohn-Apfel-Kuchen

EIN SAFTIGER KUCHEN MIT „SUCHTFAKTOR“

WAS SIE BRAUCHEN:

- 6 Eier
- 150 g Birkenzucker, fein gerieben
- 3 saftige, säuerliche Äpfel
- 200 g Mandeln, gemahlen
- 200 g Mohn, gemahlen
- 1 Prise Salz
- 1 Prise Zimt

... UND WIE'S GEHT:

- Eine Kuchenform (Torte, Kasten, Rehrücken) nur am Boden (sonst geht der Kuchen nicht gleichmäßig auf und sinkt wieder zusammen) einfetten und mehlen.
- Das Backrohr auf 170 Grad vorheizen.
- Eier trennen und Eiklar zu festem Schnee schlagen.
- Dotter und Birkenzucker hellgelb schlagen.
- Die Äpfel grob raspeln und unter die Dottermasse heben.
- Salz, Zimt, Mandeln und Mohn dazumengen.
- Abschließend den Eischnee unterheben und die Masse in die vorbereitete Form gießen.
- Bei 170 Grad ca. 1 Stunde backen.

FÜR
6–8 PERSONEN

Meine Tipps

- Ich mahle Nüsse und Mohn immer frisch, so ist der Kuchen besonders geschmackvoll.
- Wenn keine biologischen Äpfel zur Verfügung sind – die Schale entfernen.
- Geraspelte Zitronen- oder Orangenschalen „erfrischen" den Kuchen.
- Speisen mit Mohn sind für Menschen mit Hautleiden besonders zu empfehlen!

Genuss-Tipps

- Mit Schokoladenglasur überzogen und mit einem Tupfen Sahne garniert ... mmmh!

FÜR
10–12 PERSONEN

Meine Tipps

- Ich verwende für diesen Kuchen gerne frisches Obst: Beeren, Kirschen, Marillen oder auch Ananas sind dafür sehr gut geeignet.
- Die Marmelade wähle ich je nach Obstbelag aus.
- Wenn Sie den Teig am Vortag backen, brauchen Sie ihn nur mehr zu belegen und haben einen „schnellen" Kuchen – der Teig ist eine gute Alternative zu den fertigen Biskuitböden.

Genuss-Tipps ★

- Mit einer Kugel Fruchteis schmeckt der Kuchen nicht nur köstlich, er ist auch sehr erfrischend.

Beeren auf Mandelteig

EIN BEERIGER SOMMERGENUSS

WAS SIE BRAUCHEN …

FÜR DEN TEIG:

- 7 Eier
- 350 g Birkenzucker, fein gerieben
- 350 g Mandeln, fein gerieben

FÜR DEN BELAG:

- 2 TL Agar-Agar
- ca. 50 g Marmelade
- 600 g Beeren

… UND WIE'S GEHT:

- Das Backrohr auf 180 Grad vorheizen.
- Die Eier mit dem Birkenzucker schaumig rühren, die geriebenen Mandeln untermengen.
- Die Masse auf ein mit Backpapier belegtes Blech streichen und ca. 35 Minuten backen.
- Nach der Backzeit den Teig aus dem Rohr nehmen und mindestens 1 Stunde auskühlen lassen.
- Den Teig mit der Marmelade bestreichen und die Beeren darauf gleichmäßig verteilen.
- Agar-Agar nach Anleitung vorbereiten und im ausgekühlten Zustand über den Beeren verteilen.
- Nach 30 Minuten Ruhezeit im Kühlschrank ist der Kuchen fertig zum Servieren.

Reisauflauf
mit Schneehaube auf Erdbeermus

KALT ODER WARM EIN GENUSS!

WAS SIE BRAUCHEN:

- 4 Eier
- 1 l Kokosmilch
- etwas Salz
- 100 g Butter
- 200 g Rundkornreis
- 100 g Birkenzucker, fein gemahlen
- Saft und Schale von ½ Zitrone
- ca. 50 g Rosinen
- 1 TL Kartoffelstärkemehl

... UND WIE'S GEHT:

- Die Milch mit ca. 20 g von der Butter zum Kochen bringen, salzen und den Reis darin weich kochen; abkühlen lassen.
- Butter, Dotter, Birkenzucker, Zitronensaft und -schale sehr cremig rühren.
- Die Dottermasse mit dem gekochten Reis vermischen und die Rosinen dazugeben.
- Aus den Eiklar einen steifen Schnee schlagen, die Kartoffelstärke einrühren.
- Die Reismasse in eine große oder mehrere kleine eingefettete Formen füllen und bei 180 Grad ca. 40 Minuten backen.
- Nach ca. 30 Minuten Backzeit wird der Schnee auf dem Reisauflauf gleichmäßig verteilt und die restlichen 10 Minuten goldbraun fertig gebacken.
- Warm oder kalt servieren.

Meine Tipps

› Für den Erdbeerspiegel verwende ich halb gefrorenes Erdbeermus.

› Verfeinert wird das Mus mit etwas Birkenzucker und Rum (wenn keine Kinder mitessen!).

› Der Reisauflauf schmeckt auch mit mitgebackenem Obst sehr lecker. Dafür einfach eine Lage Reis, eine Lage Obst und wieder eine Lage Reis in die Form füllen.

Genuss-Tipps

› Der Reisauflauf mit Ananasstücken – ein exotisches Aroma – harmoniert wunderbar mit der Kokosmilch!

› Aber auch mit Apfelringen, Zwetschken, Marillen oder Kirschen schmeckt er gut!

Meine Tipps

- Ich verwende für diesen Kuchen gerne eine Nussmischung (½ Teil Walnüsse und ½ Teil Mandeln), nicht zu fein gerieben.
- Eine etwas herbe Marmelade harmoniert mit dem Kuchen am besten (z. B. Kornelkirsche, Preiselbeere)
- Nach Lust und Laune wird die Torte überzuckert oder mit Schokoglasur versüßt.

Genuss-Tipps

- Aus diesem Teig lassen sich natürlich auch Schnitten herstellen, der Kuchen wird von Tag zu Tag besser.

Perndls Haustorte

EIN SCHOKOLADIGES ERLEBNIS

WAS SIE BRAUCHEN …

FÜR DEN TEIG:

- 7 Eier
- 140 g Birkenzucker, fein gerieben
- 200 g Nüsse, fein gemahlen
- 2 Rippen Bitterschokolade
- ca. 50 g Marmelade

FÜR DIE GLASUR:

- 200 g Xylit-Schokotaler, Bitterschokolade oder Xylit-Schokolade
- 150 g rohe Kakaobutter

… UND WIE'S GEHT:

- Das Backrohr auf 150 Grad vorheizen.
- Die Dotter mit dem Birkenzucker und der im Wasserbad erweichten Schokolade schaumig rühren.
- Die Eiklar zu steifem Schnee schlagen und abwechselnd mit den gemahlenen Nüssen unter die Schaummasse heben.
- Den Teig in eine befettete und bemehlte Springform füllen und von 150 Grad auf 180 Grad ansteigend mindestens 1 Stunde backen.
- Die Torte gleich aus der Form stürzen und auskühlen lassen.
- Für die Glasur Schokolade und Kakaobutter schmelzen, gut durchrühren, etwas abkühlen lassen und die Torte damit glasieren.

Orangen-Kokos-Muffins

EIN FRUCHTIGES „TÖRTCHEN“

WAS SIE BRAUCHEN:

- 4 Eier
- 150 g weiche Butter
- 100 g Honigmarzipan
- 50 g Birkenzucker, fein gemahlen
- 2 EL Kartoffelstärkemehl
- 1 Messerspitze Guarkernmehl
- 120 g Kokosraspel
- abgeriebene Schale einer unbehandelten Orange
- 50 g Orangeat, gehackt

... UND WIE'S GEHT:

- Das Backrohr auf 200 Grad vorheizen.
- Den Honigmarzipan sehr klein schneiden und mit der weichen Butter, dem Birkenzucker und den Eiern sehr schaumig rühren.
- Die restlichen Zutaten nach und nach unter die Masse heben.
- 12 Muffinförmchen auf einem Blech (oder einem Muffinblech) vorbereiten und den Teig darin gleichmäßig verteilen.
- Im vorgeheizten Rohr bei 200 Grad ca. 25 Minuten backen, bis sie goldgelb sind.
- Wenn Sie die Muffins glasieren wollen, müssen diese noch heiß sein.

ERGIBT
12 MUFFINS

Meine Tipps

› Eine gute Glasur für diese Muffins: 100 g fein gemahlenen Birkenzucker mit 2 EL frischem Orangensaft glatt rühren und noch auf die heißen Muffins streichen.

› Garnieren können Sie die Törtchen mit Orangenschalen-Zesten oder fein gehacktem Orangeat.

Genuss-Tipps

› Auch als Zitronen-Muffins schmecken diese Törtchen fruchtig und erfrischend. Einfach Zitronenschale und -saft statt Orangen verwenden.

FÜR
6–8 PERSONEN

Meine Tipps

- Das Hirsemehl können Sie durch Buchweizenmehl ersetzen, je nach Geschmack.
- Statt den Nüssen verwende ich auch gerne Kokosflocken, als Obst nehme ich dann Ananas (z. B. aus der Dose).
- Als Backform nehme ich am liebsten die Kastenform, darin wird der Kuchen besonders saftig.

Genuss-Tipps

- Wenn Ihnen der rohe Teig zu trocken erscheint (bei manchen Mehlsorten kann das vorkommen), mengen Sie 1–2 Schnapsgläser Kirschensaft drunter.

Kirschen-Nuss-Kuchen

EIN SAFTIG-FLAUMIGER TEEKUCHEN

WAS SIE BRAUCHEN:

- 5 Eier
- 200 g weiche Butter
- 100 g Birkenzucker, fein gerieben
- 150 g Mandeln oder Haselnüsse, fein gerieben
- 120 g Hirsemehl
- 1 TL Guarkernmehl
- ½ Pkg. Weinsteinbackpulver
- 1 Tl. Zimt (oder Lebkuchengewürz)
- ¾ kg entsteinte Kirschen oder 1 Glas Kirschen- oder Weichselkompott

... UND WIE'S GEHT:

- Das Backrohr auf 220 Grad vorheizen.
- Die Butter mit dem Birkenzucker schaumig rühren, die Eier nach und nach einrühren.
- Die Mehle mit den Nüssen, dem Zimt und dem Weinsteinbackpulver gut mischen und die entkernten Kirschen dazugeben.
- Die Butter-Eier-Zucker-Masse mit der Mehl-Kirsch-Mischung vermengen und den Teig in eine gefettete und bemehlte Backform füllen.
- Bei 220 Grad ca. 50 Minuten backen.
- Den Kuchen aus der Form lösen und gut auskühlen lassen.

Zwetschkenkuchen

EIN SEHR FLAUMIGER OBSTKUCHEN

WAS SIE BRAUCHEN:

- 5 Eier
- ⅛ l Rapsöl (oder Sonnenblumenöl)
- ⅛ l Wasser
- Schale einer ½ Zitrone
- 200 g Birkenzucker, fein gerieben
- 200 g Buchweizenmehl
- 100 g Maisstärkemehl
- 1 TL Guarkernmehl
- ½ Pkg. Weinsteinbackpulver
- 1 kg Zwetschken (frische Früchte)
- ca. 50 g Sonnenblumenkerne

... UND WIE'S GEHT:

- Das Backrohr auf 150 Grad vorheizen.
- Die Zwetschken waschen, halbieren und entsteinen.
- Die Eier mit dem Birkenzucker schaumig rühren, die abgeriebene Schale der ½ Zitrone dazugeben.
- Die Mehle und das Weinsteinbackpulver gut miteinander vermischen und abwechselnd mit dem Öl-Wasser-Gemisch unterheben.
- Den Teig auf ein mit Backpapier belegtes Blech streichen und die halbierten Zwetschken darauflegen.
- Die Sonnenblumenkerne auf dem Kuchen gleichmäßig verteilen und diesen ca. 40 Minuten bei 150 Grad backen.
- Bei geöffnetem Rohr auskühlen lassen und danach mit sehr fein gemahlenem Birkenzucker bestreuen.

FÜR
6–8 PERSONEN

Meine Tipps

› Dieser Rührteig ist mein Basisrezept für viele Fruchtkuchen: Marillen, Zwetschken, Äpfel, Birnen, Kirschen …

› Der Teig kann bei der Zubereitung etwas dick bzw. zäh werden. Lassen Sie sich nicht abschrecken weiterzumachen, das ist die Wirkung des Guarkernmehls.

› Statt den Sonnenblumenkernen nehme ich auch gerne gehackte Mandeln oder Haselnüsse.

Genuss-Tipps ★

› Mit einem Birkenzucker-Zimt-Gemisch bestreut und mit einer Kugel Vanilleeis serviert ... himmlisch!

ERGIBT
12 MUFFINS

Meine Tipps

- Mit dieser Bananenmasse können Sie auch eine Rehrückenform füllen.
- Anstatt des Buchweizenmehls nehme ich zur Abwechslung gerne frisch gemahlenes Hirsemehl.
- Für Variationen am Kuchenbuffet: Füllen Sie die Hälfte der Backformen mit einem anderen Muffin-Teig (z. B. Himbeermuffins)!

Genuss-Tipps

- Zu diesen Muffins reiche ich auch gerne eine Joghurt-Topfencreme mit etwas Birkenzucker und Vanille zum Eintunken, schmeckt köstlich!

Bananenmuffins

EXOTISCH, SAFTIG UND FINGERGERECHT

WAS SIE BRAUCHEN:

› 2 Eier
› 100 g weiche Butter
› 100 g Birkenzucker, fein gerieben
› 150 g Buchweizenmehl
› 100 g Reisvollkornmehl
› 1 TL Guarkernmehl
› 1 Pkg. Weinsteinbackpulver
› 4 sehr reife Bananen

... UND WIE'S GEHT:

› Das Backrohr auf 150 Grad vorheizen.
› Die Eier mit dem Birkenzucker und der weichen Butter schaumig rühren.
› Die Bananen mit einer Gabel grob zerdrücken und unter die Buttermasse heben.
› Die Mehle und das Weinsteinbackpulver gut miteinander mischen und ebenfalls unter den Teig mengen.
› 12 Muffinförmchen auf einem Blech (oder ein Muffinformblech) vorbereiten und den Teig darin regelmäßig verteilen.
› Im vorgeheizten Rohr bei 150 Grad ca. 30 Minuten backen.
› Auskühlen lassen und servieren.

Kokosmilch-Himbeer-Muffins

FÜR HIMBEERFANS EIN WAHRER GAUMENSCHMAUS

WAS SIE BRAUCHEN:

- 1 Ei
- 120 ml Kokosmilch
- 70 ml Rapsöl
- 100 g Birkenzucker, fein gerieben
- 150 g Buchweizenmehl
- 100 g Reisvollkornmehl
- 1 Tl. Guarkernmehl
- 1 Pkg. Weinsteinbackpulver
- 1 TL Zimtpulver
- 1 Pkg. Tiefkühl-Himbeeren oder ca. 300 g frische Beeren

... UND WIE'S GEHT:

- Das Backrohr auf 160 Grad vorheizen.
- Das Ei mit dem Birkenzucker schaumig rühren.
- Die Mehle mit dem Backpulver und dem Zimt mischen.
- Die Kokosmilch mit dem Rapsöl vermengen und abwechselnd mit dem Mehl-Zimt-Gemisch unterheben.
- Ein Muffinformblech vorbereiten und den Teig darin gleichmäßig verteilen.
- Die Himbeeren auf den mit Teig befüllten Muffinförmchen verteilen.
- Im vorgeheizten Rohr bei 160 Grad ca. 30 Minuten backen.
- Auskühlen lassen und servieren.

ERGIBT
12 MUFFINS

Meine Tipps

- Wenn Sie Tiefkühlbeeren verwenden, nehmen Sie weniger Kokosmilch, sonst werden die Muffins zu feucht und bleiben sitzen.
- Wenn Sie nur die Hälfte des Teiges zubereiten und in 6 Muffin-Formen füllen, könnten Sie die anderen 6 Formen mit der Hälfte eines anderen Muffin-Teiges (z. B. Bananen-Muffins) füllen.

Genuss-Tipps

- Die Muffins sind besonders fruchtig mit einem Obers-Himbeer-Topfen (Sahne-Himbeer-Quark), den Sie statt Sahne dazu servieren können.

FÜR
6–8 PERSONEN

Meine Tipps

› Die Variante für die ganz Süßen: Dieser Kuchen ist auch wunderbar mit einer Schokoladen- oder Orangenglasur.

› Dafür 150 g Butter mit 100 g Schokolade im Wasserbad schmelzen, abkühlen lassen und am Kuchen verstreichen.

Genuss-Tipps ★

› Für die Orangenglasur verrühren Sie 150 g fein geriebenen Birkenzucker mit 2 EL Orangensaft und 1 Tropfen Orangenöl und bestreichen damit den Kuchen.

Topfen-Orangen-Guglhupf

... ERFUNDEN FÜR BRUNOS GEBURTSTAGSFEST!

WAS SIE BRAUCHEN:

- 5 Eier
- ⅛ l Rapsöl
- ½ Becher Topfen (Quark)
- 250 g Birkenzucker, fein gerieben
- 200 g Buchweizenmehl
- 100 g Reisvollkornmehl
- 1 TL Guarkernmehl
- 1 Pkg. Weinsteinbackpulver
- ca. 50 g Orangeat
- geriebene Schale einer unbehandelten Orange bzw. 3 Tropfen echtes Orangen-Aromaöl (z. B. von Primavera)

... UND WIE'S GEHT:

- Das Backrohr auf 160 Grad vorheizen.
- Die Eier mit dem Birkenzucker schaumig rühren.
- Die Mehle mit dem Backpulver und dem gehackten Orangeat vermengen.
- Topfen und Rapsöl mit der Orangenschale bzw. dem Orangenöl mischen und abwechselnd mit dem Mehlgemisch unter die Ei-Zucker-Masse heben.
- Eine Guglhupform (oder andere Backform) befetten und bemehlen und mit dem Teig befüllen.
- Im vorgeheizten Rohr bei 160 Grad ca. 1 Stunde backen.
- Aus der Form stürzen und abkühlen lassen.

Apfelkuchen

SCHNELL UND GUT

WAS SIE BRAUCHEN:

- 4 Eier
- 150 g Butter
- 100 g Birkenzucker, fein gerieben
- 150 g Buchweizenmehl
- 100 g Reisvollkornmehl
- 1 TL Guarkernmehl
- 1 TL Zimt
- 5–6 saftige, säuerliche Äpfel

... UND WIE'S GEHT:

- Das Backrohr auf 180 Grad vorheizen.
- Die Äpfel schälen, entkernen, achteln und in Stücke schneiden.
- Birkenzucker mit der weichen Butter schaumig rühren, die Eier nach und nach dazugeben.
- Die Mehle mit dem Zimt gut vermischen und ebenfalls einrühren.
- Abschließend die Apfelstücke mit dem Teig vermengen, auf ein mit Backpapier belegtes Blech streichen und bei 180 Grad ca. 40 Minuten goldbraun backen.
- Aus dem Ofen nehmen und abkühlen lassen.

FÜR
10–12 PERSONEN

Meine Tipps

› Dieses Rezept ist eines meiner Lieblingsrezepte, wenn es schnell gehen soll. Es gelingt immer!

› Ich verwerte mit diesem Kuchen Obstreste, die nicht mehr vernascht werden; am Bild sehen Sie einige Zwetschken herausblinzeln.

› Auch Bananen finden Platz in diesem Rezept und machen den Kuchen sehr aromatisch.

› Der Teig ist sehr zäh, das kann anfangs verunsichern.

Genuss-Tipps ★

› Verfeinern Sie doch mit einer Handvoll Rosinen den Teig, vielleicht sogar aus dem Rumtopf – wenn keine Kinder mitessen! Das macht den Kuchen richtig herzhaft.

FÜR
6–8 PERSONEN

Meine Tipps

- Dieses Biskuit-Basisrezept eignet sich auch hervorragend als Grundlage für Topfen- und Cremetorten.
- Dafür nehmen Sie die Hälfte der angegebenen Mengen.
- Das glutenfreie Biskuit kann nicht gerollt werden, der Teig ist nämlich etwas fester und bricht sonst.

Genuss-Tipps

- Probieren Sie einmal ein Mandelbiskuit – eine sehr gute Variante: Anstatt der 300 g Mehl nehmen Sie 300 g geriebene Mandeln und 100 g Maisstärke. Wenn Sie das Mandelbiskuit für einen Tortenboden benötigen, halbieren Sie die Zutaten.

Biskuitschnitten mit Beerenmarmelade

EIN VIELSEITIGES TALENT

WAS SIE BRAUCHEN:

- 6 Eier
- 220 g Birkenzucker, fein gerieben
- 6 EL heißes Wasser
- ½ Becher Topfen
- 100 g Maismehl
- 100 g Reisvollkornmehl
- 100 g Maisstärke
- 1 TL Guarkernmehl
- ca. 200 g erwärmte Marmelade
- Sahne und Amarenakirschen zum Garnieren

... UND WIE'S GEHT:

- Das Backrohr auf 180 Grad vorheizen.
- Die Eier mit dem heißen Wasser schaumig rühren und dann den Birkenzucker und den Topfen dazugeben.
- Die Mehle mischen – wenn nötig auch sieben – und zügig unter die Eiermasse heben.
- Den Teig auf einem mit Backpapier belegten Blech verstreichen und bei 180 Grad ca. 25 Minuten backen.
- Nach der Backzeit das Biskuit auf die Arbeitsfläche stürzen (frisches Geschirrtuch unterlegen) und das Papier abziehen.
- Dann legen Sie das Biskuit wieder auf das Blech zurück, bestreichen es mit Marmelade und lassen es auskühlen.
- Das Biskuit in der Hälfte auseinanderschneiden und eine Hälfte auf die andere legen, in Streifen schneiden, garnieren und servieren.

Tante Marthas Schwarzwälderkirsch

EIN NOSTALGISCHER KUCHENGENUSS

WAS SIE BRAUCHEN …

FÜR DEN TEIG:

- 8 Eier
- 200 g weiche Butter
- 150 g Birkenzucker, fein gerieben
- 200 g weiche Schokolade
- 250 g Mandeln, gerieben
- 50 g Buchweizenmehl
- 50 g Maisstärke
- ½ TL Weinsteinbackpulver

FÜR DIE FÜLLUNG:

- 1 Becher Sahne
- 1 Glas Kompottkirschen

… UND WIE'S GEHT:

- Das Backrohr auf 170 Grad vorheizen.
- Die Schokolade langsam im Wasserbad schmelzen, aus den Eiklar Schnee schlagen.
- Die Dotter mit der Butter schaumig rühren.
- Den Birkenzucker und die Schokolade untermengen.
- Mandeln, Mehl, Maisstärke und Weinsteinbackpulver mischen und abwechselnd mit dem Schnee unter den Teig heben.
- Im vorgeheizten Rohr bei 170 Grad ca. 1 Stunde backen (Nadelprobe!).
- Abkühlen lassen und 3 Tortenböden schneiden.
- Sahne steif schlagen und mit den Kirschen vermischen.
- Gut ⅔ der Füllung auf zwei Böden verteilen, diese aufeinanderlegen und mit dem Rest der Füllung die ganze Torte einstreichen.
- Mindestens 2–3 Stunden kühl rasten lassen.

FÜR
6–8 PERSONEN

Meine Tipps

- Für die Füllung die Sahne schlagen und die abgetropften Kirschen einrühren. Oft passiere ich die Hälfte der Kirschen, dann wird die Creme fester.
- Am besten schmeckt die Torte am „Tag danach“, eine Nacht im Kühlschrank tut ihr gut!

Genuss-Tipps

- Diese Torte wird von Tag zu Tag saftiger und bleibt lange so, ... wenn sie nicht vorher aufgegessen wird!

ERGIBT
6 PALATSCHINKEN

Meine Tipps

- Je größer die Palatschinke ist, desto brüchiger ist sie auch! Ich mache kleinere und eher feste Palatschinken.
- Garniert werden sie mit: Ahornsirup, heißen Beeren, Marmelade, Zwetschkenröster … da sind der Kreativität keine Grenzen gesetzt!

Genuss-Tipps

- Probieren Sie auch folgende Variante: zum Teig, nach dem Rasten, frische Früchte geben.
- Frische Himbeeren, geriebene Äpfel oder auch Bananen nehme ich dafür am liebsten.

Buchweizen-Palatschinken

LUSTIGES PALATSCHINKEN-GESICHT

WAS SIE BRAUCHEN:

› 400 g Buchweizenmehl
› 2 EL Birkenzucker, fein gerieben
› ½ Pkg. Weinsteinbackpulver
› 1 Prise Salz
› 1 Prise Zimt
› 2 EL Raps- oder Sonnenblumenöl
› ca. ½ l Sojadrink oder Mineralwasser
› Öl für die Pfanne

… UND WIE'S GEHT:

› Alle Zutaten gut verrühren und 15 Minuten rasten lassen.
› Sojadrink bzw. Mineralwasser nehmen Sie in der gleichen Menge wie bei den Weizenmehl-Palatschinken (manche mögen es flüssiger, andere wieder fester).
› In eine bereits heiße Pfanne einige Tropfen Öl geben, einen Schöpfer Teig darauf verteilen und bei geringer Hitze (ohne Deckel) goldbraun braten.
› Die Oberfläche der Palatschinke wird trocken.
› Danach wenden und auch auf der anderen Seite goldbraun braten.
› Entweder gleich servieren oder warmhalten.

Mandeltorte mit Schokocreme

EIN CREMIGER GENUSS

WAS SIE BRAUCHEN …

FÜR DEN TEIG:

› 5 Eier

› 1 Prise Salz

› 120 g Birkenzucker, fein gerieben

› 200 g Mandeln, gerieben

› Schale von ½ Zitrone

› säuerliche Marmelade (Weichsel, Preiselbeere, Kornelkirschen …)

FÜR DIE CREME:

› 100 g Butter, geschmolzen

› 50 g Birkenzucker

› 3 Rippen Schokolade

› 1 Ei

› 1 TL Pfeilwurzelmehl oder Guarkernmehl

› 6 EL heißes Wasser

… UND WIE'S GEHT:

› Eier trennen, Eiklar mit einer Prise Salz zu steifem Schnee schlagen.

› Birkenzucker in den Schnee einrühren.

› Die Dotter, die Zitronenschale und die geriebenen Mandeln vorsichtig unterheben.

› Die Masse in eine mit Backpapier ausgelegte Springform füllen und bei 180 Grad ca. 40 Minuten backen.

› Für die Creme wird die Butter mit dem Birkenzucker und der Schokolade im Wasserbad langsam geschmolzen, danach einige Minuten überkühlt.

› Das Ei mit dem gesiebten Mehl und das heiße Wasser unterrühren. Die Creme sollte eine streichbare Konsistenz haben.

› Den fertig gebackenen Teig gleich aus der Form stürzen und abkühlen lassen, dann die Marmelade aufstreichen und das Ganze mit der Schokocreme finalisieren.

FÜR
6–8 PERSONEN

Meine Tipps

- Aus diesem Teig mach ich auch gerne Schnitten, dafür nehme ich die doppelte Masse und je nach Jahreszeit eine passende Marmelade oder ein frisches Fruchtmus wie z. B. Ananasmus, Mangomus, Erdbeermus. Schmeckt erfrischend und meine Gäste sind jedes Mal begeistert …
- So ist die Torte noch dazu fettfrei!

Genuss-Tipps

- Etwas „geistiger“ wird die Torte, wenn Sie den Boden mit Rumtopf-Früchten (einige davon pürieren) belegen.

Meine Tipps

- Dieser Kuchen gelingt mit allen Zitrusfrüchten: Mandarinen, Limetten oder auch Kumquats.
- Die Menge der Früchte variiert dann natürlich. (1 Orange entspricht z. B. 2 Mandarinen …)

Genuss-Tipps

- Ich serviere den Kuchen gerne mit frisch gemachtem Zitrusmus. Dafür einfach die Orangen oder Mandarinen schälen und alle Häute entfernen. Pürieren – fertig!

Zitrus-Fruchtmus-Kuchen

EIN FETT- UND MEHLFREIER FRUCHTGENUSS

WAS SIE BRAUCHEN:

- 1 Bio-Orange
- 1 Bio-Zitrone
- 4 mittelgroße Eier
- 120 g Birkenzucker, gemahlen
- 250 g Mandeln, fein gerieben
- 1 TL Weinstein-backpulver

... UND WIE'S GEHT:

- Die Orange und die Zitrone waschen und in einen Kochtopf mit Wasser geben. Das Wasser muss die Früchte bedecken.
- Das Wasser aufkochen und ca. 1 Stunde leicht köcheln lassen.
- Danach die Früchte herausnehmen, abtropfen lassen, den Fruchtansatz entfernen und die Früchte fein pürieren (mit dem Stabmixer zum Beispiel).
- Das Rohr auf 170 Grad vorheizen. Eine Rehrücken- oder Ringform mit Butter ausstreichen und mit geriebenen Mandeln ausstreuen.
- Die Eier mit dem Birkenzucker schaumig verrühren und das ausgekühlte Zitruspüree unterheben.
- Dann die mit dem Backpulver vermischten, geriebenen Mandeln unter die Masse heben und in die vorbereitete Form füllen, glatt streichen.
- Den Kuchen auf der untersten Schiene ca. 40 Minuten backen. Gegen Ende der Backzeit, etwa nach 30 Minuten, den Kuchen mit Alufolie abdecken und fertig backen.
- Den Kuchen in der Form auskühlen lassen, dann stürzen und mit fein gemahlenem Birkenzucker bestreuen.

Altösterreichische Buchweizentorte „Had'ntorte"

ALT UND GUT

WAS SIE BRAUCHEN:

- 5 Eier
- 1 Prise Salz
- 200 g Birkenzucker, gemahlen
- 100 g Buchweizenmehl (Had'nmehl)
- 1 EL Pfeilwurzelmehl oder Guarkernmehl
- 1 EL Kartoffelmehl
- 1 TL Weinsteinbackpulver
- säuerliche Marmelade (Weichsel, Preiselbeere, Kornelkirschen ...)
- gemahlene Mandeln für die Backform

... UND WIE'S GEHT:

- Das Rohr auf 180 Grad vorheizen.
- Die Eier trennen und das Eiklar mit dem gemahlenen Birkenzucker und einer Prise Salz steif schlagen, Dotter einrühren.
- Die Mehle mit dem Backpulver mischen und langsam in die Masse sieben, gleichzeitig mit dem Schneebesen vorsichtig unterheben.
- Eine Springform (Tortenform mit ca. 26 cm Durchmesser) mit Backpapier auslegen bzw. mit Butter ausstreichen, mit gemahlenen Mandeln ausstreuen und die Masse einfüllen.
- Auf unterster Schiene ca. 40–50 Minuten backen.
- Die Torte aus der Form nehmen und gut auskühlen lassen.
- Die Torte einmal durchschneiden und mit der Marmelade füllen.

FÜR
6–8 PERSONEN

Meine Tipps

› Die Marmelade kann man auch mit aufgeschlagener (laktosefreier) Sahne verrühren (⅛ l).

Genuss-Tipps★

› Für ganz „Mutige“: Ich mische das Mehl gerne mit gemahlenen Nüssen. Ungefähr ein Teil Nüsse und drei Teile Mehl. Einfach ausprobieren!

FÜR
10–12 PERSONEN

Meine Tipps

- Anstatt Ingwer und Zimt können Sie es auch einmal mit 1 ½ EL Lebkuchengewürz versuchen. Schmeckt lecker!
- Noch saftiger wird der Kuchen, wenn man ihn mit einer Zitronenglasur (mit Birkenzucker) überzieht.

Genuss-Tipps

- Dieser süße Gemüsekuchen ist sehr saftig, flaumig und flexibel: Statt Roten Rüben verwende ich auch Karotten, Zucchini oder Kürbis.
- Ein wenig (laktosefreie) Sahne macht den Kuchen besonders lecker!

Rote-Rüben-Schnitten

EIN SÜSSER GEMÜSEKUCHEN

WAS SIE BRAUCHEN:

- 4 Eier
- 150 g Birkenzucker, fein gerieben
- 1 TL Vanillezucker
- 160 ml Sonnenblumenöl
- 100 g Buchweizenmehl
- 2 TL Weinsteinbackpulver
- 2 EL Kakao- oder Carobpulver
- 200 g Walnüssse, fein gerieben
- 1 TL Zimt
- 1 Prise Salz
- 1 EL frischer, fein geriebener Ingwer
- 1 TL frische, fein geriebene Zitrusschale (Bio-Orange, oder Bio-Zitrone)
- 300 g Rote Rüben (Rote Bete), geschält und fein gerieben

... UND WIE'S GEHT:

- Backrohr auf 180 Grad vorheizen, eine flache Kuchenform mit Backpapier auslegen.
- Buchweizenmehl mit Kakao, Walnüssen, Salz, Zimt und Weinsteinbackpulver mischen.
- Eier mit Zucker, Vanillezucker, Öl, Ingwer und Zitrusschalen cremig rühren.
- Rote Rüben unterheben.
- Nuss-Mehl-Mischung unterheben, gut verrühren.
- Die Masse in die Backform füllen und ca. 50 Minuten auf der unteren Schiene goldbraun backen.
- Den Kuchen nach dem Backen noch in der Form lassen, nach dem Abkühlen stürzen.

Kürbis-Guglhupf

EIN GEMÜSE-GUGLHUPF

WAS SIE BRAUCHEN:

- 4 Eier
- 170 g weiche Butter
- 150 g Birkenzucker, fein gerieben
- 120 g Buchweizenmehl
- 120 g Kartoffelmehl
- 2 TL Weinsteinbackpulver
- 1 EL Pfeilwurzelmehl
- 2 TL Zimt
- 60 g Nüsse, gerieben
- 230 g fein geraspeltes, kernloses Fruchtfleisch von einem orangefleischigen Kürbis (z. B. Hokkaido- oder Muskatkürbis)
- gemahlene Mandeln für die Guglhupfform

... UND WIE'S GEHT:

- Backrohr auf 180 Grad vorheizen, eine Guglhupfform mit Butter ausstreichen und mit gemahlenen Mandeln ausstreuen.
- Butter und Birkenzucker cremig rühren, nach und nach die Eier dazugeben.
- Die Mehle mit dem Weinsteinbackpulver, Zimt und den Nüssen mischen und unter die Buttermasse heben.
- Den geraspelten Kürbis dazugeben.
- Den Teig in die Guglhupfform füllen, glattstreichen und auf unterster Schiene ca. 1 Stunde backen.

FÜR 6–8 PERSONEN

Meine Tipps

- Im Original (steirischen) Rezept werden die Eier in Eiklar und Dotter getrennt. Die Dotter rührt man unter die Buttermasse.
- Die Klar werden zu Schnee geschlagen und abwechselnd mit dem Mehlgemisch unter die Butter-Dotter-Masse gehoben.
- Ich habe den Eindruck, dass die „ungetrennten“ Eier den Kuchen saftiger machen.

Genuss-Tipps

- Besonders Kinder lieben diesen „orangenen“ Guglhupf mit einer dünn aufgetragenen Schokoglasur.
- Geschmacksvariante: Guglhupf mit echtem steirischen Kernöl servieren.

Konfekte

Dattel-Mandel-Konfekt
mit ätherischen Ölen

ERFRISCHEND, STÄRKEND ODER BERUHIGEND

WAS SIE BRAUCHEN:

- 15 große, entkernte Datteln
- 100 g Mandeln
- 2 ½ EL Kakaopulver oder Carobpulver
- 4 Tropfen reines ätherisches Öl (Pfefferminze, Orange, Ingwer, Lavendel, Mandarine ...)
- kleine Konfektförmchen aus Papier

... UND WIE'S GEHT:

- Die Datteln fein hacken und die Mandeln sehr fein mahlen.
- Datteln, Mandeln, Kakaopulver und 4 Tropfen eines ätherischen Öls zusammenmischen, die Masse ca. 2 Stunden zugedeckt bei Zimmertemperatur ziehen lassen.
- Gleich große Kugeln formen und in die Papierförmchen legen.
- Dieses Konfekt ist in einer Aluminiumdose einige Wochen haltbar.

Hinweise:

- Lieber mit weniger Öl beginnen!
- Nur echte Öle verwenden, am besten aus der Apotheke.
- Informieren Sie sich vor Verwendung eines Öles immer über dessen Wirkung!
- Nehmen Sie niemals gleich alle 4 Tropfen vom Öl, je nach Öl kann das Konfekt sehr intensiv nach diesem schmecken!

ERGIBT
20–30 STÜCK

Meine Tipps

- Ich nehme zuerst immer 2 Tropfen ätherisches Öl, mische die Masse gut durch und schmecke dann ab.
- Noch dazu intensiviert sich das Ölaroma in der Rastphase.

Genuss-Tipps

- Ein gesundes Naschwerk für Kinder, inklusive Aromatherapie:
- Pfefferminze wirkt verdauungsfördernd, kühlend, antibakteriell und nervenstärkend.
- Orange/Zitrone wirken gegen Blähungen, beruhigend und stimmungshebend.
- Ingwer wirkt erwärmend, gegen Infektionen, stärkend. (Achtung: wehenfördernd!)

Meine Tipps

- Vorsicht bei der Dosierung von Rosenöl: Das Konfekt kann schnell zu intensiv schmecken!
- Zuerst 2 Tropfen einmischen, die Masse gut durchrühren und dann abschmecken.

Genuss-Tipps

- Rose wirkt gegen Infektionen, beruhigend, antidepressiv und „öffnet das Herz".

Rosenöl-Konfekt

DUFTENDE VERFÜHRUNG

WAS SIE BRAUCHEN:

- 15 große, entkernte Datteln
- 100 g Mandeln
- 2 ½ EL Kakaopulver oder Carobpulver
- 4 Tropfen reines ätherisches Rosenöl
- Kokosraspeln

... UND WIE'S GEHT:

- Die Datteln fein hacken und die Mandeln sehr fein mahlen.
- Datteln, Mandeln, Kakaopulver und 4 Tropfen eines ätherischen Öls zusammenmischen und die Masse ca. 2 Stunden zugedeckt bei Zimmertemperatur ziehen lassen.
- Die Masse auswalken und mit kleinen Keksausstechern Formen ausstechen (Herzerl, Blumen ...).
- Abschließend in Kokosraspeln wälzen.
- Dieses Konfekt ist in einer Aluminiumdose einige Wochen haltbar.

Kokoskugeln

ERINNERUNGEN AN DEN PALMENSTRAND

WAS SIE BRAUCHEN:

› 100 g Birkenzucker, fein gemahlen
› 150 g Kokosraspeln
› 1 TL Vanillezucker
› 2 Eiklar
› 2 EL Kokosmus
› 2 Tropfen Zitronenöl
› Kokosraspeln zum Wälzen

... UND WIE'S GEHT:

› Alle Zutaten zu einer Masse verrühren.
› Daraus gleich große Kugeln formen.
› Die Kugeln in Kokosraspeln wälzen.
› Variation: Die Kugeln auf Zahnstocher aufspießen und in Schokoglasur tauchen – auch sehr lecker!

ERGIBT
20–30 STÜCK

Meine Tipps

- Ich bewahre die Kokoskugeln im Kühlschrank auf. Gekühlt zergehen sie auf der Zunge!
- Ich habe anstatt der Kokosraspeln und dem Kokosmus auch schon geriebene Mandeln und Mandelmus genommen. Gelingt sicher!

Genuss-Tipps

- Nehmen Sie etwas mehr Kokosraspel und geben Sie ein paar Teelöffel Rum in die Masse.
- Dann haben Sie Rum-Kokos-Kugeln gezaubert!

ERGIBT
20–30 STÜCK

Meine Tipps

- Wenn man Kugeln formen will, dann mahlt man die Nüsse ganz fein und hackt auch die Rosinen. So ist die Masse „kugelformfreundlich“ und kann mit einer ganzen Rosine garniert werden.
- Anstatt des Mandeldrinks kann natürlich auch Rum oder Amaretto verwendet werden.
- Wenn Kinder mitessen, bitte die alkoholfreie Variante wählen!

Genuss-Tipps

- Ich habe aus dieser Masse auch schon kleine Fruchtschnitten gemacht. Dafür die Masse auf ein Backblech streichen und trocknen lassen. Schnitten schneiden – fertig.

Rosinen-Konfekt

FRUCHTIG SÜSS

WAS SIE BRAUCHEN:

- 100 g Haselnüsse oder Mandeln
- 200 g Edelbitterschokolade (70 % Kakaoanteil)
- 150 g Rosinen
- 1 El. Mandeldrink oder frisch gepressten Orangensaft
- Konfekt-Papierförmchen

... UND WIE'S GEHT:

- Die Haselnüsse oder Mandeln so lange rösten (ohne Fett), bis sich die Schalen lösen. Auskühlen lassen.
- Die Nüsse oder Mandeln in ein Geschirrtuch wickeln und durch Reiben die restlichen Schalen ablösen.
- Die Nüsse/Mandeln grob hacken.
- Die Schokolade auch grob hacken und über Wasserdampf langsam schmelzen.
- Die Nüsse/Mandeln und die Rosinen mit der geschmolzenen Schokolade und dem Mandeldrink bzw. Orangensaft gut vermengen.
- Die Masse auskühlen lassen und mit einem Teelöffel kleine Portionen in Papierförmchen setzen und trocknen lassen.
- Das Rosinen-Konfekt ist an einem kühlen Ort (Keller, Kühlschrank ...) gut haltbar.

Erdbeergelee

SOMMERGEFÜHLE ZUM VERNASCHEN

WAS SIE BRAUCHEN:

- 500 g Erdbeerpüree (selbst gemacht oder tiefgekühlt)
- 2 gehäufte EL Pektin
- 2 TL Agar-Agar
- 250 g Birkenzucker, fein gemahlen
- Birkenzucker zum Wälzen
- Backpapier
- Backrahmen oder Auflaufform (20 x 20cm)

... UND WIE'S GEHT:

- Die Form vorbereiten: Dafür das Backpapier so in den Backrahmen oder in die Auflaufform legen, dass es an den Seiten ca. 5 cm nach oben gefaltet ist (damit das flüssige Gelee nicht auslaufen kann).
- Das Erdbeerpüree in einen Kochtopf geben und auf den Herd stellen.
- Agar-Agar und Pektin mit ca. 50 g gemahlenem Birkenzucker mischen, in ein wenig Wasser auflösen, zum Erdbeerpüree geben und das Ganze unter ständigem Rühren heiß werden und ca. 1 Minute kochen lassen.
- Das Erdbeergelee auskühlen lassen und anschließend in die vorbereitete Form gießen.
- Das Gelee ca. 2 Stunden lang in den Kühlschrank stellen und hart werden lassen.
- Mit einem scharfen Messer kleine Würfel schneiden (2 x 2 cm) und im Birkenzucker wälzen.
- Das Gelee bleibt bei kühler Lagerung lange fruchtig.

ERGIBT
CA. 40 WÜRFEL

Meine Tipps

- Lassen Sie das Gelee 2–3 Tage ruhen, bevor Sie es verkosten. Das Fruchtgelee entfaltet in dieser Zeit sein volles, fruchtiges Aroma.
- Frieren Sie in der Erdbeerzeit einige Päckchen Erdbeermus ein, das Sie dann übers ganze Jahr für dieses Konfekt verwenden können.

Genuss-Tipps

- Variieren Sie mit den Früchten – auch Orangengelee schmeckt lecker!

ERGIBT
CA. 40 WÜRFEL

Meine Tipps

› Ich gebe zum Fruchtsaft gerne eine Stange Zimt und einige ganze Nelken – vor allem in der Vorweihnachtszeit ein wunderbarer Geschmack.

Genuss-Tipps

› Wenn Sie mehr Schokolade wollen: Geben Sie auf das Konfekt noch eine Schicht Schokoglasur! (siehe Rezept S. 81)

Mandarinen-Konfekt

ERFRISCHEND UND FEIN

WAS SIE BRAUCHEN:

- 80 g Kakaobutter oder Butter
- 2 EL Birkenzucker
- 80 g Erdäpfelmehl
- 50 g Buchweizenmehl
- 1 TL Pfeilwurzelmehl
- 2 Mandarinen, geschält
- 500 ml Mandarinen- oder Orangensaft
- 80 g Birkenzucker
- 2 TL Agar-Agar
- fein gehackte dunkle Schokolade
- eine Auflauf- oder Backform (ca. 20 x 20 cm)
- Backpapier

... UND WIE'S GEHT:

- Den Backofen auf 180 Grad vorheizen und die Backform mit Backpapier so auslegen, dass an den Rändern das Papier hinaufgefaltet wird.
- Die Butter mit dem Zucker und den Mehlen vermischen und zu einem geschmeidigen Teig verkneten.
- Den Teig in der Backform regelmäßig verteilen und flachdrücken.
- Im Backofen ca. 20 Minuten backen und anschließend vollständig auskühlen lassen.
- Die Mandarinenspalten einmal durchschneiden und gemeinsam mit dem Saft und dem Zucker in einen Kochtopf geben.
- Agar-Agar mit ein wenig Saft auflösen und hinzugeben.
- Die Mischung ca. 20 Minuten kochen lassen (mittlere Hitze), anschließend abkühlen lassen.
- Den abgekühlten Saft abseihen, vorsichtig auf den abgekühlten Teigboden gießen und ca. 3 Stunden im Kühlschrank fest werden lassen.
- Wenn der Fruchtguss fest ist, mit einem scharfen Messer kleine Würfel schneiden.
- Die fein gehackte Schokolade auf den Würfeln verteilen.
- Im Kühlschrank aufbewahren, hält ca. 1 Woche.

Matcha-Murmeln

FEINHERBER GENUSS

WAS SIE BRAUCHEN:

- 2 Bio-Zitronen
- 400 g weiße Schokolade
- 120 ml süße Sahne
- ca. 3 TL Matcha (zu feinstem Pulver vermahlener Grüntee)

... UND WIE'S GEHT:

- Die Zitronen werden samt der Schale in kleine Stücke geschnitten.
- Mit der süßen Sahne in einem Kochtopf mischen, einmal aufkochen und anschließend gut 30 Minuten ziehen lassen. Dafür den Kochtopf vom Herd nehmen.
- Die Schokolade wird grob gehackt und in einem Gefäß über einem Wasserbad geschmolzen.
- Die Zitronen-Sahne wird durch ein Sieb gegossen und überkühlt.
- Die geschmolzene Schokolade mit der Zitronen-Sahne gut vermischen und in den Kühlschrank stellen, bis die Masse härtet.
- Mit einem Teelöffel kleine Stücke aus der Schokoladenmasse abstechen, in den Händen daraus kleine „Murmeln" formen und im Teepulver wälzen.
- Die „Murmeln" sind im Kühlschrank ca. 1 Woche haltbar.

ERGIBT
CA. 30 STÜCK

Meine Tipps

- Ich nehme die Schokoladenmasse – wenn sie noch nicht ganz hart ist – aus dem Kühlschrank und wickle sie in Klarsichtfolie zu Würsten. Diese lege ich dann wieder in den Kühlschrank, bis sie ganz fest sind.
- Davon schneide ich dann kleine Räder ab und forme die „Murmeln" daraus. Die Portionierung der Masse fällt so etwas leichter.

Genuss-Tipps

- Probieren Sie auch einmal Orangenschale und -frucht zum Aromatisieren der süßen Sahne – schmeckt sehr interessant in Verbindung mit dem grünen Teepulver!

Bezugsquellen für Back-Zutaten:

Regionale Biomärkte und Reformhäuser führen sehr viele Produkte für gluten- und laktosefreies Backen: Getreideersatzprodukte, Soja-, Reis-, Hanf-, Hafer- und Mandeldrinks, alle glutenfreien Bindemittel, Nüsse und Samen, Trockenfrüchte.

Fa. Denn´s

Regionale Biomarktkette, führt Getreideersatzprodukte, Soja-, Reis-, Hanf-, Hafer- und Mandeldrinks, alle glutenfreien Bindemittel, Nüsse und Samen, Trockenfrüchte, Birkenzucker.

www.denns-biomarkt.at

Fa. Schloss-Eule – Gabriele Becker

Biozertifizierter Versand von Birkenzucker/Xylit-Produkten, zum Beispiel Xylit-Schokolade und Birkenzucker.

Wiedmar 18, D-87629 Füssen
E-Mail: schlosseule@googlemail.com
www.schloss-eule.com

Fa. kiwikawa – Christian Weiten

Versand von „Xucker“ Produkten (Xylit-Produkten) zum Beispiel: Xylit, Xylit-Schokolade, Xylit-Kakao, Xylit-Gelierzucker, Xylit-Kaugummi u.v.m.

Geneststr. 5, D-10829 Berlin
E-Mail: info@xucker.de
www.xucker.de

Fa. Keimling

Natur- und Rohkostversand für Kakaobutter, Nüsse und Samen, Trockenfrüchte, viele Rohkostprodukte, Konfekt, u.v.m.

E-Mail: naturkost@keimling.at
www.keimling.at

Wissen, wo's herkommt …

Obst und Gemüse verwende ich am liebsten aus dem eigenen Garten oder kaufe es frisch am Markt. Saisonal, regional und biologisch schmeckt es uns am besten.

Meine Gartenfreuden ...

Danksagung

Am allerwichtigsten ist mir der Dank an meinen lieben Mann Wolfgang. Durch seine Großzügigkeit und Liebe bekam ich vor einigen Jahren die große Möglichkeit, meinen Traum zu leben – ich konnte aus einem langjährigen Angestelltenverhältnis in „meine“ Welt der Energetik wechseln!

Danke, Wolfgang, für diese Chance, sie hat mein Leben sehr zum Positiven geändert!

Mein Mann war es auch, der in mir – durch seine leider schlechte gesundheitliche Verfassung – die Motivation keimen ließ, bestehende Backrezepte abzuändern, sodass dieses Buch überhaupt entstehen konnte.

In der Zeit, in der die Rezepte von mir entwickelt und immer wieder ausprobiert wurden, war Wolfgang der Erste, der die neuen Backwerke kostete, sehr ehrlich seine Meinung dazu sagte und nie vergaß, mich zu motivieren und meine Absicht, gesunde Köstlichkeiten zu kreieren, zu unterstützen.

Auch dafür gilt ihm mein Dank.

Ich danke ganz herzlich meinen lieben Eltern, Werner und Ilse Straßegger, die mich immer mit den ihnen gegebenen Möglichkeiten unterstützt und liebevoll begleitet haben. Durch die in mir entstandenen Fähigkeiten konnte dieses Buch entstehen! Danke.

Ein besonderes „Danke“ gehört unserem lieben Freund Wolfgang Strasser, der mir die Initialzündung zu diesem Werk gab.

Als er meine Sammlung der zucker-, laktose- und glutenfreien Rezepte sah, die ich bereits an viele Menschen verteilt hatte, meinte er, dass man daraus schon ein Kochbuch machen könnte. Danke Wolfgang Strasser, ohne deine „Zündung“ wäre ich wahrscheinlich nie auf diese Idee gekommen!

Allen Freunden, Freundinnen und Bekannten, die mich bei meinem Projekt in allen möglichen Formen unterstützend begleitet haben, danke ich von ganzem Herzen!

Besonders ansprechen möchte ich meine mir so wertvolle und liebe Freundin Katrin (von ihr stammt das Rezept der Hirselaibchen). Ihr Elan hat mich in schwierigen Phasen motiviert, weiterzumachen. Danke für deine Herzlichkeit und Ehrlichkeit.

Meine Dankbarkeit gilt nicht zuletzt auch den MitarbeiterInnen des Linzer Freya Verlages für diese besondere Möglichkeit, mein erstes Buch entstehen zu lassen, und für ihre großartige, liebevolle und respektvolle Unterstützung.

Ich danke ganz herzlich Herrn Wolf Ruzicka, Frau Sigrid Hirsch, Frau Gemende und ganz besonders Frau Daniela Waser, die aus meiner Rezeptesammlung dieses wunderschöne Backbuch zauberte!

Danke.

Sabine Perndl

Über die Autorin

Mag. phil. Sabine Perndl, geb. 1971 in Linz, diplomierte Humanenergetikerin, Ausbildung zum Impuls Master Practitioner am Europäischen Forum für Impuls-Strömen (EUFIS).

Arbeitet in der Zahnarztpraxis ihres Mannes (Dr. med. univ. Wolfgang Perndl) als Energetikerin mit den Schwerpunkten Strömen und Ernährung.

Kreative und leidenschaftliche Köchin, Gärtnerin, Töpferin und Genießerin.

Verwöhnt ihre Familie und Gäste durch liebevoll und kreativ zusammengestellte „Koch- und Backgenüsse“ mit biologischen Zutaten – vor allem aus dem eigenen Mischkultur-Garten, serviert auf selbst getöpfertem Geschirr.

Beschäftigt sich seit vielen Jahren mit dem Nährwert von natürlichen Nahrungsmitteln und seit fünf Jahren – aus persönlicher Betroffenheit – mit ganzheitlicher Ernährung bei Nahrungsmittelunverträglichkeiten.

Margarethe Fließer & Karin Zausnig

Bauch gut. Alles gut.

Heilsam kochen für die ganze Familie

Eine Ernährungswissenschaftlerin und eine Medizinerin aktualisieren altes naturheilkundliches Wissen und Kneipp-Regeln und übersetzen es in köstliche Menüs. Beim heilsamen Essen wird besonders auf die Bedürfnisse von Kindern eingegangen, es stehen Frische und Qualität im Vordergrund. Es sind einfache und schnelle Rezepte, die im Alltag ohne Aufwand umzusetzen sind – ein Muss für berufstätigen Frauen und Männer.

ISBN 978-3-99025-017-4

Claudia Holl

Kochen für die Mitte

Heile dein Herz

Bei Menschen mit einer schwachen Mitte lodert das Verdauungsfeuer/ die Verdauungskraft kaum noch und sie haben einen schwachen/langsamen Stoffwechsel. Mit der 5-Elemente-Ernährung kann das Verdauungsfeuer wieder angefacht werden. Claudia Holl zeigt, wie man mit Übungen aus Kinesiologie und Jin Shin Jyutsu, Meditation und vegan/ vegetarischen Rezepten nach der 5-Elemente-Lehre die eigene Mitte nachhaltig stärken kann.

ISBN 978-3-99025-107-2

Daniela Friedl

Schnelle vegane Küche

sojafrei & einfach

Sie haben genug von Nudeln mit immer derselben Tomatensoße? Eintöniger Blattsalat ist Ihnen zu wenig und die vegane Currywurst reißt Sie schon lange nicht mehr vom Hocker? Daniela Friedl zeigt, dass vegane Küche ohne Soja- und Fleischersatzprodukte auskommt und trotzdem viel zu bieten hat. Die Gerichte sind unkompliziert und können in nur 30 Minuten nachgekocht werden. Die vielseitige Rezeptsammlung reicht von Suppen und Snacks über Brotaufstriche bis hin zu schnellen Hauptmahlzeiten und köstlichen Desserts für Naschkatzen.

ISBN 978-3-99025-115-7